Gisela Keil

Praxis
Biogarten

Experten-Rat für
Mischkultur, Mulchen,
Gründüngung, Kompostieren
und Bodenverbesserung

Sonderteil:
Biologischer Pflanzenschutz

Mit Farbfotos bekannter
Pflanzenfotografen
Zeichnungen: Marlene Gemke

GU GRÄFE
UND
UNZER

Daß man beim Biogärtnern giftfreies Obst und Gemüse ernten kann, hat sich herumgesprochen. Wie man dazu kommt, ist so manchem nicht klar – dieser GU Ratgeber »Praxis Biogarten«, sagt es Ihnen.

1. Teil Einsteigen: Gehen Sie Hand in Hand mit der Natur ins neue Gartenjahr. Ein kleiner Grundkurs zeigt, warum alles Tun im Biogarten darauf gerichtet ist, den Boden nach dem Vorbild der Natur zu pflegen. Denn davon hängt seine Gesundheit und Fruchtbarkeit ab.

2. Teil Planen: Des Biogärtners Gartenjahr will gut geplant sein. Blumen, Gemüse und Obst haben ganz unterschiedliche Bedürfnisse, die in Einklang gebracht werden müssen. Manche Pflanzen vertragen sich miteinander, andere nicht. Tabellen sagen Ihnen, welche Pflanzen sie kombinieren können. Dazu praktische Anleitungen für Fruchtfolge und Mischkultur.

3. Gärtnern: Der große Praxis-Teil des Buches erklärt leicht verständlich – mit vielen anschaulichen Zeichnungen – alle Arbeitsmethoden im Biogarten, wie Bodentest, Bodenbearbeitung, Spezialbeete, Säen, Einpflanzen, Mulchen, Gründüngung, Düngen, Kompostieren.

4. Schützen: Beim Pflanzenschutz im Biogarten kommt die Giftspritze nicht zum Einsatz. Wie man stattdessen »Schädlinge« wirksam abwehrt und Nützlinge fördert, erfahren Sie in diesem Kapitel.

Dieser GU Pflanzen-Ratgeber führt Sie sicher Schritt für Schritt zum erfolgreichen Biogärtnern. Sein Versprechen: gesundes Gemüse, knackig-frisches Obst und jede Menge gärtnerisches Know-how. Viel Freude und Erfolg beim Gärtnern nach der Natur wünschen Ihnen die Autorin und die GU Naturbuch-Redaktion.

Zucchini mit Stroh gemulcht.

Inhalt

Buntes Neben- und Miteinander von Blumen und Gemüse.

Die Autorin

Gisela Keil, Redakteurin und Autorin von Pflanzen- und Gartenbüchern, hat jahrelange praktische Erfahrung im im naturgemäßen Gärtnern.

Die Fotos auf dem Umschlag

Umschlagvorderseite: Vielfalt von Blumen und Gemüse im naturgemäß gepflegten Bauerngarten.
Umschlagseite 2: Ringelblumen und Kamillenblüten.
Umschlagseite 3: Erntekorb.
Umschlagrückseite: Gartengeräte, Handwerkszeug des Gärtners.

Wichtig: Damit Ihre Freude am Biogärtnern nicht getrübt wird, beachten Sie bitte die »Wichtigen Hinweise« auf Seite 111.

Marienkäfer sind Blattlauskiller.

Grundlagen des Biogärtnerns

Hand in Hand mit der Natur

Von der Natur können Sie alles lernen, was ein Biogärtner kennen muß – zum Beispiel das faszinierende Wechselspiel zwischen Boden und Pflanzen. Wer einmal weiß, wie die Natur arbeitet, versteht, was sich über und unter seinem Gartenboden tut und wird manches anders machen als zuvor. Steigen Sie also ein ins Biogärtnern, es gibt viel zu entdecken – und nicht mehr zu tun als im herkömmlichen Garten. All das mit der Garantie, daß es lebendiger und gesünder wird als bisher. Wissen, handeln, genießen – das sind die Meilensteine für jeden begeisterten Gärtner.

Schön und lebendig.
Biogärten sind grüne Oasen für jeden Geschmack. Ob wild-romantisch oder grafisch-ornamental, ob stilvoller Stadtgarten oder vitaler Bauerngarten – wer nach dem Vorbild der Natur gärtnert, kann sich alle Gartenwünsche erfüllen.

Was heißt biologisch gärtnern?

Die meisten verstehen darunter eine Gartenbestellung ohne Gift und ohne »Kunstdünger«. Dies ist richtig, wenn es auch eher äußere Kennzeichen als das Wesen der Sache trifft.

Was den Biogärtner vom herkömmlichen Gärtner unterscheidet, ist eine andere Einstellung zur Natur und ein anderer Umgang mit ihr. Viele Jahre trat ihr der Mensch als »homo faber« gegenüber, als Macher, der versuchte den Pflanzen das nach seinen Vorstellungen Beste durch synthetische Mineraldünger und Pestizide abzugewinnen. Schnell und sicher sollte gleichbleibend gutaussehende Qualität erzeugt werden. Dabei richtete man das ganze Augenmerk auf die Pflanzen, denn von ihnen wollte man Gewinn erzielen. Man verlor dabei aber über Jahrmillionen eingespielte Kreisläufe und Wechselwirkungen fast ganz aus den Augen.

Wer naturgemäß gärtnert, wünscht sich ebenfalls leuchtende Blütenfülle, gesunde Pflanzen und große Ernten, versucht dies jedoch auf einem anderen Weg zu erreichen. Biogärtner wollen Boden und Pflanzen ihren Bedürfnissen entsprechend und nach ihren Regelkreisläufen in der Natur fördern. Sie bemühen sich, die Zusammenhänge in der Natur zu imitieren und in ihrem Garten nachzuahmen, um so die natürliche Fruchtbarkeit des Bodens und die natürliche Gesundheit der Pflanzen zu erhalten. Ihre obersten Ziele sind:

Die Pflege des Bodens, denn er ist ein durch und durch lebendiger Organismus. Je mehr Leben er birgt, desto größer ist seine Fruchtbarkeit. Kein Wunder, daß folglich alle Maßnahmen im naturgemäßen Garten danach ausgerichtet sind, diese natürliche Lebendigkeit und Fruchtbarkeit zu erhöhen. Dazu zählen das Lockern mit Grabgabel oder Sauzahn anstelle des Umstechens, Düngen mit organischen Stoffen und natürlichen Mineralen statt synthetischer »Kunstdünger«, Schutz der Bodenoberfläche durch Mulchen, Verbessern des Bodens durch Kompost, Flächenkompostierung und Gründüngung.

Pflanzenschutz durch förderlichen Anbau in Mischkultur und Fruchtfolge statt einseitiger Monokulturen, durch Vorbeugemaßnahmen und giftfreie Abwehr anstelle hochgiftiger Bekämpfung.

Spezielle Anbaumethoden wie Fruchtfolge und Mischkultur, die die Gesundheit der Pflanzen und das Gleichgewicht des Bodens fördern.

Vielfalt an Lebewesen und deren Lebensräume, denn sie sorgen im Garten für ein ausgewogenes Gleichgewicht zwischen Schädlingen und Nützlingen.

Ein bißchen »Bio« geht nicht

Die Vorsilbe »Bio« hat im Laufe der letzten Jahrzehnte schon für vieles herhalten müssen, und nicht immer war es ganz seriös. Eigentlich bedeutet sie nichts anderes als »leben...«, wurde aber mit der Zeit auch synonym für »gesund« und »natürlich« verwendet und gerade in diesem Zusammenhang hängt ihr der Ruch des Sektiererisch-Weltanschaulich-Alternativen an. Das gibt es, hat aber mit dem Gärtnern nicht direkt zu tun.

In diesem Buch bedeutet biologisch gärtnern so viel wie naturgemäß oder nach dem Vorbild der Natur gärtnern ohne sich dabei einer »ideologischen« Richtung zu verschreiben. Jeder kann sich dazu entschließen und wird dabei entdecken, wieviel Freude, Entspannung und Erfolg es mit sich bringt. Naturgemäß gärtnern entspringt keiner betulich-angestaubten Laune, sondern ist ein ungemein einfühlsamer und kreativer Umgang mit dem Lebendigen. Und: Es ist das Gärtnern der Zukunft für alle, die das Zeichen der Zeit verstanden haben.

Allerdings: Biologisch gärtnern hat auch seinen Preis. Mit ein paar angewandten Gartentips können Sie es nicht schaffen. Erfolgreich gärtnert nur der, der es auch konsequent angeht. Und dazu gehört

• ein Grundwissen um die Lebensabläufe und Zusammenhänge zwischen Boden und Pflanze (→ Seite 8 bis 11),

• die konsequente naturgemäße Pflege des Gartens. Schon ein bißchen Gift gegen Schnecken kann eine Lawine von Vergiftungen anderer Lebewesen nach sich ziehen und das Gleichgewicht des Gartens empfindlich stören.

• Geduld und Gelassenheit, wenn sich vor allem anfangs der große Erfolg nicht gleich einstellt (→ Tips zur Umstellung, Seite 12/13), weil die Natur sich nicht auf die Schnelle selbst regulieren kann.

Die Legende von der Mehrarbeit

Immer wieder taucht in Verbindung mit Biogärtnern das Vorurteil auf, es handle sich dabei um ungemein mühseliges und zeitaufwendiges Arbeiten. Das stimmt schlichtweg nicht. Wieviel Arbeit Ihr Garten Ihnen bereitet, hängt ausschließlich von dem Erbe ab, das Sie mit Ihrem Gartenboden angetreten haben. Von Baumaschinen verdichtete Neubauböden werden nach jeder Methode Jahre brauchen, bis sie einigermaßen ertragreich sind. Der Biogärtner läßt sich rund ums Jahr von Pflanzen und Tieren unterstützen. Da, wo im herkömmlichen Garten gehackt, gegossen, gejätet werden muß – und das regelmäßig fast jede Woche – mulcht der Biogärtner das Beet und hat über Wochen nichts weiter damit zu tun. Seine Mehrarbeit besteht lediglich im Kompostieren.

Möglicherweise entstand das Vorurteil, weil Biogärtner überwiegend Gemüse anbauen. Und hier läßt sich eine klare Unterscheidung treffen:

• die meiste Gartenarbeit verlangt Gemüse,
• dann folgen die Beerensträucher,
• dann die Obstbäume,
• zuletzt die Blumen und der Rasen.

Diese Reihenfolge des Arbeitsaufwandes gilt aber für herkömmliche wie naturgemäße Gartenbestellung gleichermaßen.

Wie sieht ein Biogarten aus?

Ganz einfach – wie Sie möchten. Jeder Garten kann zum Biogarten werden. Meistens sind Biogärten vorwiegend Nutzgärten, weil man ja den gesunden Nutzen aus ihnen ziehen möchte. Grundsätzlich aber läßt sich jeder Garten, ob vitaler Bauerngarten oder stilvoller Ziergarten in einen Biogarten verwandeln. Gewöhnungsbedürftig ist für den Einsteiger meist der Anblick der gemulchten Beete (→ Foto, Seite 76/77).

Die Vorstellung, daß ein Biogarten eher einem wilden Durcheinander gleicht, ist korrekturbedürftig. Selbst reine Nutzgärten lassen sich biologisch bewirtschaften und dabei hinreißend gestalten (→ Fotos, Seite 4/5, 14/15, 42/43, 92/93). Den eigenen Gestaltungsideen und Vorstellungen sind im Biogarten keine Grenzen gesetzt.

Die Natur als Lehrmeister des Biogärtners

	Vielzahl an Lebensräumen für Tiere	»Gleichgewicht« von Nützlingen und Schädlingen	Blätter, Früchte, Pflanzen, Samen, Tierkot, tote Tiere			Bodenlebewesen, Gewitter, Frost, Regenwürmer, Maulwurf	Regen, Tau, Schnee
So arbeitet die Natur			fallen zu Boden und verotten				
			neue Nährstoffe	Schutzschicht für Boden	Selbstaussaat		
	Biotope	**Pflanzenschutz**	**Düngen**	**Mulchen**	**Aussaat**	**Bodenbearbeitung**	**Wässern**
So ahmt sie der Biogärtner nach	Klein-Biotope wie • Trockenmauer • Blumenwiese • Reisighaufen • Teich	• Förderung der Nützlinge • Vorbeugender Pflanzenschutz • Mechanische Abwehr • Pflanzliche Brühen, Tees	Kompostieren Düngen	Mulchen Gründüngung	Säen Pflanzen	• Bodenlockerung mit Sauzahn, Grabegabel • Gründüngung	Gießen

Einsteigen

Erde ist kein Dreck

Lediglich 2,5% der gesamten Erdoberfläche werden von Menschen bebaut, das entspricht etwa der Hälfte Afrikas. Aber diese Fläche ernährt die ganze Weltbevölkerung mitsamt den Tieren, von denen sie lebt. Grundlage allen menschlichen Lebens ist also der Boden und seine Fruchtbarkeit.

Leider sind sich nur wenige dessen bewußt. Feuchte Erde an Schuhen zum Beispiel als toter Dreck verstanden, mit dem man nur auf eine Weise umgehen kann – nämlich ihn entfernen.

Wie grundfalsch! Erde ist eine Wunderwelt im Kleinen und lebt! Eine Handvoll gesunder Gartenerde beinhaltet mehr Lebewesen, als Menschen auf der Welt zu finden sind. Und diese Lebendigkeit ist ausschlaggebend für die Fruchtbarkeit des Bodens.

Im herkömmlichen Gartenbau hatte man dies zeitweise vergessen, weil man zu sehr am Erntegewinn interessiert war. Man blickte primär auf die Pflanzen und erzeugte für sie synthetische Pflanzennährstoffe und synthetische Pflanzenschutzmittel. Dabei verlor man den Boden als Grundlage der Fruchtbarkeit aus den Augen. Aber ein in Jahrmillionen gewachsener Kreislauf läßt sich nicht ungestraft durchbrechen. Was den Ertrag förderte, ließ das Bodenleben absterben.

Umdenken heißt deshalb die Devise, sich in den Kreislauf der Natur eingliedern und die natürlichen Prozesse fördern. Für den Biogärtner steht darum die naturgemäße Pflege des Gartenbodens an erster Stelle und alles, was er sät und erntet sind Ergebnisse seines Tuns.

Organismus Boden

Jeder Boden ist ein Ökosystem, ein Lebensraum, in dem die verschiedensten Organismen und Gegebenheiten miteinander in Beziehung stehen und dadurch auch wiederum diesen Bereich gestalten und verändern. Kein Boden ist deshalb ständig gleich. Jeder Gartenboden ist so etwas wie ein Individuum, obwohl jeder dieselben 4 Bestandteile enthält:

- natürliche Minerale,
- organische Substanz,
- Bodenluft und
- Bodenwasser.

Die mineralischen Bestandteile des Bodens sind Ergebnisse der Verwitterung und können ganz unterschiedliche Größen haben – vom Stein bis zum Staubkorn. Ihre Korngröße und Verteilung im Boden bestimmen die Bodenart (→ Seite 50/51). Die Minerale sind die eigentlichen Nährstoff-Träger des Bodens. Die Nährstoffe sind jedoch in einer Form gebunden, die nicht von den Pflanzen aufgenommen werden kann. Erst wenn sie den Verdauungsapparat verschiedenster Bodenorganismen passiert haben, sind sie pflanzenverfügbar geworden. Ein durchschnittlicher Boden besteht zu etwa 45% aus mineralischer Substanz.

Die organische Substanz macht etwa 8% des Bodens aus. Zu ihr zählen die abgestorbenen Pflanzenteile und Wurzeln, die Bodenlebewesen (→ Seite 9) und der Humus (verrottende und verrottete organische Substanz, → Seite 52).

Die Bodenluft ist eine Grundvoraussetzung, damit Wurzeln und Bodenlebewesen existieren können. Die Mikroorganismen benötigen Sauerstoff zum Atmen und scheiden Kohlendioxid aus, das über die Bodenoberfläche abgegeben wird. Wie hoch der Anteil der Bodenluft ist, hängt von der Bodenart und damit von der Größe der Poren (→ Zeichnung, links) ab. In schweren, unbelüfteten Böden können Bodenorganismen und Wurzeln nur kümmern, deshalb ist dort eine Bodenlockerung angebracht.

Das Bodenwasser löst organische und anorganische Stoffe und transportiert sie als Nährlösung zu Bodenorganismen und Pflanzen. Man kann es mit dem Blut im menschlichen Organismus vergleichen. Das beste Speichervermögen für Wasser und Luft besitzt Humus, der sich wie ein Schwamm vollsaugen kann.

Bestandteile eines Bodenkrümels

Durch die Verdauung von Asseln und Regenwürmern werden organische und mineralische Bodenbestandteile eng miteinander vermischt (Ton-Humus-Komplexe).

1 Mineralische Substanz
2 Bodenorganismen
3 Humus
4 Bodenwasser
5 Poren mit Bodenluft

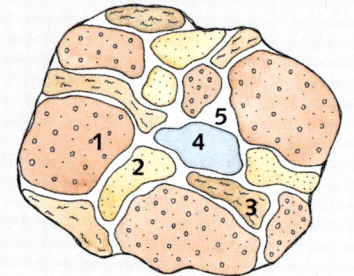

Die Welt unter unseren Füßen – Bodenschichten und Bodenleben

Der Boden ist ein komplexes Gebilde aus mineralischen und organischen Bestandteilen und unterschiedlichen Schichten.

Die Bodenoberfläche ist in der Natur immer bedeckt. Im Beet sollte eine Mulchschicht (→ Seite 77) diese Aufgabe übernehmen, denn so bleibt der Boden feucht und geschützt. Hier leben viele Kleintiere wie Asseln, Käfer, Ohrwürmer, Spinnen, Schnecken, die schon zum Teil Pflanzenteile zerlegen.

Die Rotteschicht ist nur wenige Zentimeter hoch. In diesem Lebensraum sind Kleintiere wie Asseln, Drahtwürmer, Milben, Springschwänze und Tausendfüßler tätig, vor allem aber auch Pilze, Bakterien und Algen, von denen einige sogar Holz, Horn und die Chitinpanzer toter Käfer auflösen können. Für diese Prozesse benötigen die Lebewesen Luft, Wärme und Feuchtigkeit. Unter optimalen Verhältnissen vermehren sie sich stark. Die Abgestorbenen bilden wieder Futter für die folgenden Generationen.

Die Humusschicht ist der Bereich, in dem sich die meisten Wurzeln befinden. Hier werden die in der Rotteschicht vorverdauten Stoffe durch andere Bodenorganismen in pflanzenverfügbare Nährstoffe umgewandelt und gespeichert.

Die Mineralschicht ist wesentlich ärmer an Bodenorganismen als die anderen Schichten. In diesem Bereich – er wird auch Unterboden genannt – verwittert Gestein. Er ist sehr reich an mineralischen Nährstoffen, die jedoch erst durch Bodenorganismen für die Pflanzen aufgeschlossen werden müssen.

Spezialist Regenwurm. Er ist das einzige Bodenlebewesen, das in allen Schichten zu finden ist. Er durchwühlt alle bis hinunter zur Mineralschicht und frißt dabei organische und mineralische Stoffe. Sie verbinden sich in seinem Darm zu den wertvollen Ton-Humus-Komplexen, die für die Krümelstruktur des Bodens verantwortlich sind.

Ein einziger Regenwurm produziert davon jährlich über 1 Pfund. Die Kothäufchen des Regenwurms enthalten geballte Mengen an Nährstoffen, etwa 7mal soviel Stickstoff wie normale Gartenerde. Die Stoffe stehen den Pflanzen jedoch nicht direkt zur Verfügung. Mit seinen Gängen trägt er zur Durchlüftung des Bodens bei und legt Kanäle, die von Pflanzenwurzeln benutzt werden.

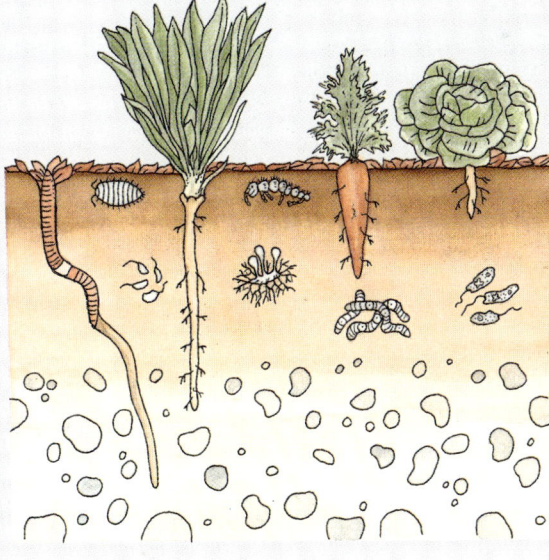

Das Bodenleben (Edaphon)
Eine Handvoll gesunder Gartenerde enthält mehr Lebewesen, als es Menschen auf der Welt gibt.
Man rechnet schätzungsweise:
100 Insekten, Milben
110 Gliederwürmer
250 Springschwänze
25.000 Fadenwürmer
7.500.000 Protozoen
12.500.000 Algen
100.000.000 Pilze
125.000.000 Bakterien

Die Bodenschichten
Bodenoberfläche mit Mulchschicht

Rotteschicht, etwa 5 cm hoch

Humusschicht, meist 10 bis 30 cm hoch

Mineralschicht mit verwitterndem Gestein

Einsteigen

Grünes Wunder – Pflanze

Man sollte es sich einmal bewußt machen: Ohne Pflanzen bestünde unser Planet Erde aus Sand und Steinen. Nichts, was ein Lebewesen ernähren könnte, wäre vorhanden. Pflanzen umspannen die Erde wie ein grüner Samtteppich. Ihre Wurzeln vernetzen den Boden und verhindern, daß Erde vom Wind weggetragen und vom Regen weggewaschen wird. Ihre oberirdischen Teile beschatten die Erde, sorgen für Bodenfeuchte und -schutz und sind – selbst abgestorben – bestes Futter für die Bodenorganismen. Darüber hinaus bieten sie unzähligen Tieren Lebensraum und Lebensgrundlage, man denke nur an den Regenwald mit seiner atemberaubenden Vielfalt an Pflanzen und Tieren.

Auch wir Menschen könnten ohne Pflanzen nicht existieren, denn ihnen und dem Boden, auf dem sie gedeihen, verdanken wir alles, was uns am Leben erhält.

- Pflanzen sind die einzigen Lebewesen, die das Kohlendioxid der Luft in den von Mensch und Tier so dringend benötigen Sauerstoff umwandeln können. Sie sind die Grüne Lunge der Welt.
- Pflanzen sind die einzigen Lebewesen, die die anorganischen Nährstoffe des Bodens in organische Verbindungen umsetzen können. Ohne diese Prozeß gäbe es keine Nahrung für Mensch und Tier auf diesem Planeten.
- Pflanzen sind die einzigen Lebewesen, die Sonnenenergie direkt nutzen können. Mit Hilfe von Licht und Wärme vollziehen sie dabei die obigen Umwandlungsprozesse, bauen alle Pflanzenstoffe auf und wachsen zügig heran.

All diese Leistungen sind nicht hoch genug einzuschätzen, denn sie berühren die »ersten und letzten Dinge« unserer Existenz. Sterben die Pflanzen, so sterben alle anderen Lebewesen hinterher.

So funktioniert eine Pflanze

Pflanzenkörper wirken von außen gesehen statisch. Sie stehen immer an der gleichen Stelle, ihr Wachstum ist mit bloßem Auge nicht zu beobachten. Und doch spielen sich in ihnen ständig hochdiffizile Prozesse ab.

Die Wurzeln sind – schon Darwin erkannte das – eine Art Gehirn, tastende Sensoren auf der Suche nach Wasser und genau den Nährstoffen, die die Pflanze braucht. Benötigt sie bestimmte Minerale, so scheiden die Wurzeln Säuren aus, die diese Minerale lösen. Befinden sich Stoffe im Boden, die der Pflanze nicht bekommen, zum Beispiel die Ausscheidungen ungünstiger Nachbarpflanzen (→ Seite 27), wenden sich die Wurzeln ab. Wird die Beeinträchtigung zu groß, hilft dies der Pflanze nicht mehr, dann kümmert sie oder stirbt ab.

80 % aller Pflanzen sind in ihren Wurzeln eine Lebensgemeinschaft mit Pilzen eingegangen und tauschen gegenseitig fördernde Stoffe aus. Man nennt diese Symbiose Mykorrhiza.

Und so funktioniert die Nährstoff-Aufnahme: Die Wurzeln einer Pflanze verändern sich ständig, einige sterben ab, andere entstehen neu. Die Wurzelspitzen sind darauf genetisch trainiert der Bodenfeuchtigkeit zu folgen. Mit ihr pumpen sie genau zum richtigen Zeitpunkt die benötigten Nährstoffe nach oben. Dies ist möglich, weil zwischen oberirdischen und unterirdischen Pflanzenteilen ein permanenter chemischer Informationsaustausch besteht.

Wendet der Gärtner synthetische Mineraldünger an, so ist dieses Zusammenspiel gestört. In diesen Düngemitteln sind die Nährstoffe so aufbereitet, daß die Pflanze nicht mehr wählen kann, sondern sie aufnehmen muß. Sehr leicht tritt eine Überdüngung ein, die Pflanze wird regelrecht gemästet, damit krankheitsanfällig und mit überschüssigen Nährstoffen angereichert.

Wichtig ist auch das richtige Gießen. Gießt der Gärtner öfter und schwach, müssen die Wurzeln nicht in die Tiefe wachsen, wo mehr Nährstoffreserven zur Verfügung stehen. Die Pflanze bleibt also schwächlicher.

Triebe und Blätter sind gefüllt mit dem Wunderstoff der Pflanze, der es ihr ermöglicht, aus Kohlendioxid, Wasser und Sonnenenergie Sauerstoff und Kohlenhydrate zu machen – es ist der Blattfarbstoff Chlorophyll der eine verblüffende Ähnlichkeit mit Hämoglobin, dem Blutfarbstoff des Menschen besitzt.

Die Blätter sind Atmungsorgane und Verdauungsapparat in einem. An ihren Unterseiten sind Spaltöffnungen, durch die die Pflanze das Kohlendioxid der Luft aufnimmt. Zu Blättern und Trieben werden auch die Nährstoffe hintransportiert. Das dort eingelagerte Chlorophyll wirkt nun als Katalysator bei der Umwandlung der Stoffe (man nennt diesen Prozeß auch Photosynthese). Die Pflanze scheidet dabei den von uns so dringend benötigten Sauerstoff aus.

Die Blüten sind gerade bei Blumen das Ziel all unserer gärtnerischen Hege und Pflege. Für alle Pflanzen ist das Blühen aber nur ein Durchgangsstadium, das ihre Geschlechtsreife ankündigt.

Je prächtiger die Blüte, desto mehr ist die Pflanze auf bestäubende Insekten angewiesen, die sie mit Duft und Farbe anlockt.

Viele Pflanzen haben sich in Blütenfarbe und -form regelrecht auf ganz bestimmte, nur sie bestäubende Insekten spezialisiert, denen sie Nahrung (Pollen) geben oder einen Artpartner vorgaukeln.

Pflanzen, die vom Wind bestäubt werden, können darauf verzichten und haben grundsätzlich unscheinbare Blüten (zum Beispiel Gräser).

Mein Tip: Zahlreiche Blumen lassen sich zu einer zweiten Blüte verführen, wenn man ihre frischen Blüten abschneidet. Man verhindert damit, daß sie Früchte ausbilden. Sie stecken nun ihre ganze Kraft in eine zweite Blütenbildung, weil sie sich in jedem Fall fortpflanzen wollen.

Früchte sind das Ergebnis einer erfolgreichen Bestäubung. Sie auszubilden kostet die Pflanze große Kraft. Fruchtgemüse zählt deshalb durchwegs zu den nährstoffbedüftigen Starkzehrern. Alle Blatt-Gemüse werden hingegen vor der Blüten- und Fruchtbildung geerntet, weil dann Geschmack und Blatt noch feiner sind.

Was Pflanzen zum Leben brauchen

Pflanzen sind eher bescheiden und versorgen sich am besten selbst in Abstimmung mit dem Boden. Sie benötigen:

- Licht
- Wärme
- Wasser aus dem Boden
- Kohlendioxid aus der Luft
- Nährstoffe. Sie sind im Boden gelöst und von den Bodenorganismen für Pflanzen verfügbar gemacht.

Man unterscheidet Hauptnährstoffe (→ Tabelle, unten), die die Pflanzen in größeren Mengen benötigen und Spurenelemente, die nur in geringen Mengen aufgenommen werden.

Die Hauptnährstoffe für Pflanzen und ihre Wirkung

Nährstoff	Richtige Dosierung	Überdosierung	Mangel
Stickstoff (N)	fördert Trieb- und Blattwachstum	triebiger Wuchs, »Vergeilen«, hoher Wassergehalt, Gewebeschwäche, krankheitsanfällig, besonders für Läuse und Pilze,	ältere Blätter werden gelblich, schwächliches Wachstum
Phosphor (P)	fördert Blüten- und Fruchtbildung sowie	Stoffwechselstörungen, Eisenmangel, schlechte Wurzelbildung	rötlich-braune Blattverfärbung, steil nach oben gerichtete Blätter, geringer Fruchtansatz
Kalium (K)	fördert Gewebefestigkeit und Wurzelbildung	Wachstumshemmung, Magnesium- und Calciummangel	ältere Blätter verfärben sich an Rändern braun, sterben ab
Magnesium (Mg)	fördert Blattgrünbildung	fördert Läuse und Spinnmilben, Kaliummangel möglich	Gelbfärbung der älteren Blätter, Blattadern bleiben grün
Calcium (Ca)	fördert Wurzel- und Sproßwachstum	führt zu Phosphormangel	verringertes Wurzelwachstum
Schwefel (S)	fördert Stoffwechsel	bedingt Kleinwüchsigkeit	Gelbfärbung der jüngsten Blätter

Keine Angst vor der Umstellung
Jeder, der sich entschließt, seinen
Garten auf naturgemäße Weise
zu bestellen, muß nicht befürchten,
daß dieser Entschluß ihm mehr
Gartenarbeiten abverlangt. Was
Sie aber brauchen, ist Geduld und
Gelassenheit. 3 bis 5 Jahre dauert
es schon, bis ein durch Pflanzen-
schutzgifte und synthetische Dünger zerstörtes Bodenleben wieder
aufgebaut ist. In dieser Zeit kann es
mißlungene Ernten oder vorüber-
gehende Schädlingsinvasionen
geben. Und wundern Sie sich nicht,
wenn anfangs selbst Kompost nicht
greift. Die besten Mittel nützen
nichts, wenn das Bodenleben noch
fehlt, das diese Gaben umzusetzen
versteht. Wichtig ist es deshalb, in
den Jahren der Umstellung alle
Hilfsstoffe gering dosiert, dafür
aber öfters zu verabreichen.

1. Jahr: Start im Frühjahr
Wenn Sie beim Start in den Biogarten einen verdichteten, durch synthetische Mineraldünger versalzten,
humusarmen oder gar überdüngten
Boden vorfinden, sollten Sie im
ersten Umstellungsjahr besser auf
einen Gemüse-Anbau verzichten.
Bodenprobe machen (→ PRAXIS-
Seite 54/55), um zu ermitteln, wie
es um Bodenart, Nährstoff- und
Kalkgehalt sowie die biologische
Aktivität des Bodens steht.
Das ist zu tun bei sandigen, humusarmen Böden: Boden mit Sauzahn
lockern (→ Seite 56), Wildkräuter
entfernen, Steinmehl (es bindet
Feuchtigkeit, → Seite 53) und Hornspäne (→ Seite 79) ausstreuen und
einarbeiten. Eine humusbildende
Gründüngung (zum Beispiel Phacelia, → Seite 59) aussäen.
Im Sommer die Gründüngung abmähen und kleinhacken. Die Beete
mit dem Sauzahn lockern, etwas

rohen Kompost und kleingehackte
Gründüngung einarbeiten. Den
Rest der Gründüngung mit Lavagranulat (→ Seite 53) vermischen
und die Beete damit mulchen (→
Seite 77).
Im Spätsommer Beete lockern,
Mulch und etwas reifen Kompost in
den Boden einarbeiten.
Erneut Gründüngung aussäen (zum
Beispiel »Rotenburger Kombigemenge«) und den Winter über auf
den Beeten lassen. Bei Frostbeginn
eine dicke Stroh- oder Laubschicht
darüberpacken.

Das ist zu tun bei schweren,
humusarmen Böden: Im Frühjahr
tief umgraben (→ PRAXIS-Seite
46/47) und Sand zum Lockern in
die Erde mischen. Dazu etwas Kalk
und Hornspäne einarbeiten. Eine
tiefwurzelnde Gründüngung (zum
Beispiel Bitterlupinen, »Grünaktiv«
oder »Rotenburger Kombigemenge«, → Seite 59) aussäen.
Im Sommer die Gründüngung abmähen und kleinhacken. Die Beete
mit dem Sauzahn lockern, etwas
Rohkompost und die kleingehackte
Gründüngung einarbeiten.
Anfang September den Boden

Mit Hügelbeeten können Sie sofort ins Biogärtnern einsteigen – der beste

lockern, 2 cm hoch reifen Kompost auf dem Beet verteilen, einrechen. Nochmals eine tiefwurzelnde Gründüngung aussäen und den Winter über auf dem Beet lassen. Mit Laub- oder Strohschicht überwintern.

<u>Das ist zu tun bei biologisch toten, überdüngten Beeten:</u> Den Boden tief lockern. Etwas kohlensauren Kalk einarbeiten. Sonnenblumen aussäen und bis Ende August/Anfang September stehen lassen. Dann die Sonnenblumen abmähen, Wurzelstrünke im Boden lassen, die Blätter zerhacken.Den Boden lockern, Blätter und Kompost einre-

Ausweg bei schlechten Böden.

chen. Gründüngung aussäen, sie bleibt den Winter über auf dem Beet. Nach Frostbeginn dick Stroh oder Laub darüber geben.

<u>Kompost anlegen</u> (→ Seite 84 bis 89). Wer im Frühjahr damit startet, hat bis zum Sommer halbreifen, bis zum Spätsommer/Herbst bereits fertigen Kompost, den man dann auf den Beeten verteilen kann. Bis zum Herbst weiteren Kompost anlegen!

2. Jahr – Start im Frühjahr

<u>Mulchschichten im März vom Beet räumen</u>, damit der Boden abtrocknen und sich erwärmen kann.

<u>Bodenprobe vornehmen:</u> Wieder sollten Sie das Gartenjahr mit einer Bodenprobe starten. Viele Untersuchungslabors erteilen Rat zur biologischen Verbesserung.

<u>Sandige, humusarme Böden</u> mit dem Sauzahn lockern, Kompost und Steinmehl ausbringen und leicht in die Beetoberfläche einrechen. Beete mit Schwach- und Mittelzehrern (→ Seite 23) bepflanzen, immer gut mulchen.

Vor jedem neuen Säen und Pflanzen Kompost und etwas Steinmehl ins Beet einrechen.

Im September erneut Kompost und Steinmehl auf den gelockerten Boden geben und eine Gründüngung aussäen. Nach Frosteinbruch Beet dick mit Stroh abdecken.

<u>Schwere, humusarme Böden</u> im Frühjahr vom Mulch befreien, damit sie sich erwärmen können. Dann mit der Grabgabel gut lockern. Reichlich halbreifen Kompost einarbeiten und Frühkartoffeln legen. Sie lockern den Boden besonders gut, wenn sie zusätzlich eine dicke Laubschicht erhalten.

Je verdichteter und schwerer der Boden ist, desto kleiner werden die Kartoffeln bleiben. Sie sind also

auch ein gute Indikator für den Bodenzustand.

Im Sommer, nach der Ernte Kompost und etwas Kalk ins Beet einrechen und abermals eine Leguminosen-Gründüngung aussäen. Nach Frosteinbruch Beet dick mit Stroh oder Laub abdecken.

<u>Biologisch wenig aktive, überdüngte Böden</u> im Frühjahr vom Wintermulch befreien und tiefgrundig lockern. Kompost verteilen und Mittel- oder Schwachzehrer anpflanzen. Bodenheilend und hübsch anzuschauen sind dazwischen Ringelblumen oder Phacelia. Vor jedem neuen Pflanzen Kompost ausbringen. Boden zwischen den Pflanzen immer mulchen (günstig sind Brennesseln und Comfrey). Im September nochmals eine Gründüngung aussäen, die bei Frostbeginn mit Laub, Stroh abgedeckt wird.

<u>Kompostieren</u> sollte nun schon seit einem Jahr zur Selbstverständlichkeit geworden sein.

<u>Kleine Lebensräume schaffen:</u> Beginnen Sie spätestens im 2. Umstellungsjahr damit, neue Lebensräume für Tiere zu schaffen, zum Beispiel Wildsträucher für Vögel, Stein- oder Reisighaufen für kriechende und krabbelnde Kleintiere, Naturteich oder eine kleines Feuchtbiotop.

3. Jahr – Start im Frühjahr

Abermals sollten Sie Ihren Boden prüfen lassen. Sie werden mit Erstaunen feststellen, wie sehr sich die Erde bereits verbessert hat. In diesem Jahr können Sie nun mit Fruchtwechsel-Mischkultur (→ Seite 22 bis 27) beginnen. Seien Sie nicht enttäuscht, wenn die Erträge noch etwas geringer ausfallen – bei konsequenter naturgemäßer Bearbeitung, haben Sie aber die Garantie, daß Ihr Boden von Jahr zu Jahr fruchtbarer wird.

Planung fürs Gartenjahr

Gewußt wie…
bringt reiche Ernte

*Es läßt sich nicht leugnen: Es gibt so etwas
wie ein Grundwissen des Biogärtners. Was
erfahrenen Naturgärtnern in Fleisch und Blut
übergangen ist, müssen Ein- und Umsteiger
sich erst aneignen. Fangen Sie am besten
einfach an, sich in die nächste Gartensaison
einzudenken. Das folgende Kapitel wird Sie
Schritt für Schritt bei der Planung begleiten.
Sie werden sehen, die Vorfreude wächst…
Und wenn sich im Laufe des Gartenjahrs
die Erntekörbe füllen, ist klar – gut geplant,
ist reich geerntet.*

Mischkultur und Fruchtwechsel
*sind die Anbau-Methoden im
Biogarten. Sie tragen dazu bei, daß
Pflanzen und Boden sich wohlfühlen.
Daneben bringen sie Farbe und
Abwechslung in den Garten.*

Planen

Wo unser Gemüse herkommt

Wußten Sie, daß kaum eine unserer Gemüse-Arten heimischen Ursprungs ist? Die meisten von ihnen haben schon vor langer Zeit einen weiten Weg aus tropischen oder subtropischen Regionen hinter sich gebracht.

So stammen zum Beispiel Bohnen aus dem subtropischen Amerika. Sie sind ein Mitbringsel spanischer Eroberer, denen wir übrigens auch Tomate, Mais, Kürbis und Kartoffel zu verdanken haben. Gurken sind aus Indien zu uns gekommen, Kopfsalat vermutlich aus Ägypten, während Chinakohl aus Ostasien eingewandert ist.

Aus nähergelegenen subtropischen Regionen stammen Radieschen und Rettich (Vorderasien) sowie Fenchel (Vorderasien und Mittelmeerraum). Bei dieser Herkunft wundert es sicher keinen mehr, daß unsere Gemüsepflanzen in der Regel wärmebedürftig sind und nur an einem sonnigen, geschützten Platz gut gedeihen. Daran hat sich auch durch die Züchtung der unzähligen Sorten nichts wesentliches geändert.

Der richtige Standort für Gemüsebeete

Schaffen Sie von Anfang an günstige Wachstumsbedingungen für Ihr Gemüse, das bedeutet:

Viel Sonne!: Wählen Sie einen möglichst sonnig-warmen Standort. Besonders günstig sind Süd-, Südwest- oder Südost-Lagen, in denen die Gemüse-Pflanzen mindestens 8 Stunden Sonne pro Tag haben. Sonne sorgt für besseres Aroma, einen höheren Vitamingehalt und senkt den Nitratspiegel (→ Seite 83).

Schutz vor Wind: Winde schaden Gemüsepflanzen aus drei Gründen:
• Pflanzen brauchen zum Leben Kohlendioxid (CO_2, → Photosynthese, Seite 10). Sie nutzen das Kohlendioxid der Luft, aber auch jenes, das die Bodenlebewesen produzieren und das aus dem Boden und aus Mulchschichten aufsteigt. In windigen Lagen wird es großenteils fortgetragen, an windgeschützten Stellen, steht es den Pflanzen voll zur Verfügung und trägt damit zu ihrem kräftigen Gedeihen bei.
• Kalte Winde lassen die Bodentemperaturen absinken und verhindern so ein zügiges Wachstum.
• Warme Winde hingegen sorgen dafür, daß der Boden zu schnell austrocknet.

Emissionsgeschützt: Der Gemüsegarten sollte wegen der Schadstoffbelastung möglichst nicht an eine vielbefahrene Straße angrenzen.

Keine Senken oder Mulden: Legen Sie Gemüsebeete nie in einer Mulde an. Da kalte Luft bekanntlich absinkt, während warme aufsteigt, können Senken im Garten regelrechte Kältelöcher sein. Zusätzlich neigen Senken häufig zu Staunässe.

Ungünstige Standorte verbessern

Wenn Ihr Garten nicht alle idealen Voraussetzungen für den Gemüseanbau bietet, entscheiden Sie sich im Zweifelsfall immer für den Platz, der die meiste Sonne bekommt. Die weitere Beschaffenheit des Kleinklimas (Lufttemperatur, Luftfeuchte und Wind zum Beispiel) können Sie durch eine ganze Reihe von Maßnahmen selber verbessern.

Ein Gartenzaun verhindert bereits, daß Winde ungebremst über die Gemüse-Beete hinwegstürmen und mildert auch Kälte.

Wer einen Garten in freier Landschaft besitzt, kennt das erstaunliche Bild, wenn in Spätherbst- und Frühjahrsnächten der Frost die Landschaft mit Rauhreif überpudert hat. Vor dem Gartenzaun scheint er stehengeblieben zu sein, denn innerhalb des Gartens ist meist keinerlei Rauhreif zu entdecken.

Hecken am Zaun entlang verstärken den Wind- und Kälteschutz. Berücksichtigen Sie jedoch bereits beim Planen die genaue Lage von Gemüsebeeten und Hecken, damit nicht später die herangewachsenen Heckensträucher die Gemüsebeete beschatten. Der Sonneneinfall und die Höhe der Sträucher spielen dabei eine wichtige Rolle.

Obststräucher oder -spaliere haben gleich zwei Vorteile. Wem es bei der Verbesserung des Kleinklimas nicht gleichzeitig um Sichtschutz geht, kann Obststräucher (wie Johannisbeeren oder Stachelbeeren) oder Apfelspaliere am Zaun entlang pflanzen. Der Zaun bietet ihnen selbst in windigen Lagen ausreichenden Schutz und sie geben diese Wirkung verstärkend ins Garteninnere weiter. Ihre geringe Höhe reicht völlig aus, um das Kleinklima des Gemüsegartens günstig zu beeinflussen.

Darüber hinaus gibt es von dieser Art Hecken einmal im Jahr eine leckere Ernte.

Stangenbohnen lieben zwar selbst windgeschützte Standorte. Robuste Feuerbohnen aber können ohne weiteres an Stangen gezogen einen frischen Wind abfangen oder durch ihr reiches Blattwerk sommerliche Wärme speichern und damit kühle Nachttemperaturen ausgleichen.

Ein Gartenteich in der Nähe der Gemüsebeete sorgt ebenfalls für einen pflanzenfreundlichen Klimaausgleich. Bei sommerlicher Hitze

Farbtupfer und Gaumenschmaus – roter Stielmangold mit Stroh gemulcht.

und Trockenheit gibt er Kühle und Feuchtigkeit an die Luft ab, die Kühle der Nächte wird durch Wärmeabgabe gepuffert.

<u>Mauern und Hauswände</u> speichern Wärme und bieten Gemüsebeeten dadurch einen idealen Schutz – vorausgesetzt sie stehen im Norden oder Westen der Beete und beschatten diese nicht oder nur sehr wenig.

Vor allem die wärmeliebenden Tomaten gedeihen vor einer sonnigen Hauswand auch in Gegenden mit rauherem Klima.

<u>Die Unterteilung in Kleinräume</u> verbessert ebenfalls das Kleinklima im Gemüsegarten. Dieses Prinzip ist auch in alten Bauerngärten zu finden, wo jedes Beet meist mit einer schützenden Buchshecke oder Blumenrabatte umgeben ist.

Eine schützende Unterteilung der Beete ist auch mit Erbsenspalieren zu erreichen. Wie kleine Wände lassen sie sich zwischend den Beeten errichten (→ Zeichnung, Seite 19). Sie können sie aber auch im Zickzack- Muster quer über die Beete verlegen.

Mein Tip: Windschutzvorrichtungen dürfen nur in den Richtungen angebracht werden, aus denen Winde zu erwarten sind. Nie den ganzen Garten »abdichten«. In kleinen, völlig eingeschlossenen Gärten stauen sich Hitze und (nach einem Regen) Feuchtigkeit. Damit wären die idealen Voraussetzungen gegeben für die Ausbreitung von Pilzkrankheiten und Schädlingen.

Planen

Wieviel Platz für den Gemüsegarten?

Wer seinen Gemüsegarten zur Versorgung mit Frischgemüse den Sommer über nutzen möchte, sollte pro Person 20 bis 30 m² Anbaufläche vorsehen.

Mindestens 80 m² pro Person müssen Sie veranschlagen, wenn Sie auch Ihren Bedarf an Winter- und Lagergemüse (wie Kartoffeln, Lauch, Rote Bete, Endivien, Winterkohl-Arten und Chicorée) selbst decken wollen.

So werden Gemüse-Arten eingeteilt

Nehmen Sie sich die Zeit, die Gemüse-Arten einmal unter den unterschiedlichsten Gesichtspunkten zu betrachten. Was auf den ersten Blick wie langweilige Theorie aussieht, hat für die Praxis und den Erfolg des Biogärtners eine handfeste Bedeutung.

Familien-Zugehörigkeit

Botaniker ordnen die Pflanzen bestimmten Familien zu. Für den Gärtner ist diese Einteilung wichtig, weil eine alte Regel besagt, niemals Pflanzen (vor allem Kreuzblütler) der gleichen Familie hintereinander auf dem gleichen Beet anzubauen, weil sich sonst sehr schnell Familienkrankheiten ausbreiten. Mit den »Mitgliedern« der folgenden Familien hat man es beim Gemüseanbau häufig zu tun:

Kreuzblütler *(Cruciferae):* Alle Kohlgewächse, Speiserübe, Rettich und Radieschen, Meerrettich, Garten- und Brunnenkresse.

Gänsefußgewächse *(Chenopodiaceae):* Spinat, Rote Bete, Mangold und Gartenmelde.

Doldenblütler *(Umbelliferae):* Fenchel, Möhre, Pastinake und Sellerie sowie eine Reihe von Kräutern wie Anis, Dill, Kerbel, Koriander, Kümmel und Liebstöckel.

Korbblütler *(Compositae):* Alle Kopfsalate, Chicorée, Endivie, Löwenzahn, Radicchio, Schwarzwurzel, Topinambur, Artischocke und Cardy.

Schmetterlingsblütler *(Leguminosae):* Die Leguminosen, die an ihren Wurzeln Stickstoff in Form von Knöllchen binden können, dazu gehören Bohne und Erbse.

Liliengewächse *(Lilliaceae):* Knoblauch, Porree, Spargel, Zwiebel und Schnittlauch.

Kürbisgewächse *(Cucurbitaceae):* Gurke, Kürbis, Melone, Zucchini.

Nachtschattengewächse *(Solanaceae):* Sie enthalten in vielen Pflanzenteilen das giftige Solanin, dazu gehören Aubergine, Kartoffel, Paprika und Tomate.

Lippenblütler *(Labiatae):* Dazu gehören zahlreiche Kräuter wie Basilikum, Bohnenkraut, Lavendel, Majoran, Origano, Pfefferminze, Thymian, Rosmarin, Salbei und Zitronenmelisse.

Nutzung

Bei dieser Gruppierung werden die Pflanzen nach dem Teil zusammengefaßt, der von uns kulinarisch genutzt wird. Eine Unterscheidung, die vor allem im biologisch-dynamischen Anbau eine wichtige Rolle spielt (→ Seite 71).

Wurzelgemüse: Chicorée, Kartoffel, Meerrettich, Möhre, Pastinake, Porree, Radieschen, Rettich, Rote Bete, Schwarzwurzel, Sellerie, Topinambur und Zwiebel.

Blattgemüse: Alle Kohl- und Salat-Arten, Fenchel, Mangold und Spinat.

Fruchtgemüse: Auberginen, Bohnen, Erbsen, Gurken, Kürbisse, Melonen, Paprika, Tomaten und Zucchini.

Nährstoff-Bedarf

Gemüsepflanzen haben unterschiedliche Nährstoffbedürfnisse, das heißt, sie entziehen dem Boden die Nährstoffe (vor allem Stickstoff) in unterschiedlichem Maße. Diese Unterscheidung ist ein wichtiges Kriterium für die Anbaumethode der Fruchtfolge (→ Seite 22/23) und der Mischkultur (→ Seite 24 bis 27).

Man unterscheidet:
- Starkzehrer
- Mittelzehrer
- Schwachzehrer

Hinweis: Auflistung der Pflanzen → Tabelle, Seite 22).

Wurzelwerk

Diese Unterscheidung wird bei Folgekulturen gemacht (→ Seite 22 und 26). Man versucht damit Nährstoffe im Boden besser zu nutzen. Flachwurzler nehmen nur aus den oberen Bodenschichten auf. Was durch den Regen in tiefere Bodenschichten gespült wurde, sollen die nachfolgend angebauten Tiefwurzler aufnehmen.

Flachwurzler, die den Boden bis maximal 30 cm tief durchwurzeln: Salate, Radieschen, Erbsen, Kohlrabi und Spinat.

Tiefwurzler, die bis zu 60 cm tiefe Wurzeln ausbilden, wie Blumenkohl.

Was Sie über Sorten wissen sollten

Von jeder Gemüse-Art gibt es meist unzählige Sorten, die im Ertrag, in Größe, Farbe und Geschmack erheblich variieren können. Dazu kommen noch eine Reihe anderer Unterschiede zwischen den Sorten. Der Garten-Anfänger steht oft etwas verwirrt vor der zum Teil riesigen Auswahl. Auf den Samentütchen sind zwar die wichtigsten

Kletter- und Rankhilfen

Nicht beim Planen vergessen: Material für Stützgerüste! Bereits vor dem Säen und Pflanzen müssen sie fest im Boden verankert werden.
Die Doppelreihe aus senkrecht gestellten Bohnenstangen ist ideal für schmale Beete. Wichtig für den Halt: durch waagrechte Verbindung die senkrechten Stangenreihen stabilisieren.

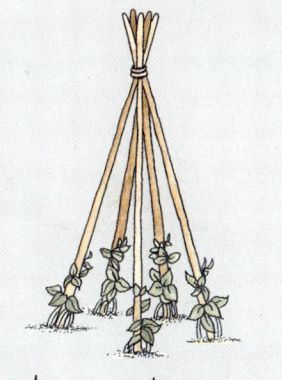

Wigwam-Gerüst für Bohnen aus 5 bis 8 runden etwa 3 m langen Bohnenstangen. Mindestabstand zwischen den einzelnen Stangen jeweils 60 cm.
Mein Tip: Errichten Sie diese Gerüste bereits Ende März, dann können Sie dazwischen noch Radieschen aussäen und ernten.

Gut verzweigte Reiser von etwa 1 m Höhe geben Erbsen Halt. Keine von Krankheiten oder Schädlingen befallenen Zweige nehmen. Bei wenig Platz, die Reiser in 2 Reihen auf Lücke stecken (Abstand etwa 50 cm).

Beim Erbsengitter den Maschendraht (80 cm bis 1,2 m hoch) zuerst an 2 etwa 1,5 m hohen Pfählen annageln. Dann Pfosten schräg in den Boden einschlagen. Längere Spaliere erhalten in der Mitte noch einen Stützpfahl.

Sorten-Eigenschaften angegeben, aber für weiterführende Informationen ist darauf natürlich kein Platz. Deshalb hier noch zusätzlich eine Orientierungshilfe, damit Sie außerdem bereits beim Planen der Gemüsebeete die richtigen Sorten auswählen und rechtzeitig bestellen oder kaufen können.
Frühe, mittelfrühe und späte Sorten werden von vielen Gemüse-Arten angeboten. Das sind spezielle Sorten für Frühlings-, Frühsommer- oder Spätsommeraussaat. Sie haben Eigenschaften, die an das jeweilige Jahreszeiten-Klima besonders angepaßt sind. So gibt es zum Beispiel Radieschen-, Rettich-, Spinat- oder Salat-Sorten für diese Jahreszeiten-Abschnitte.
Die frühen Sorten haben dabei meist eine kürzere Kulturzeit auf dem Beet als die mittelfrühen und späten.
Aber: Bauen Sie keine frühen Sorten im Sommer an. Frühe Salat-Sorten beginnen sehr schnell zu blühen, frühe Rettich- oder Radieschen-Sorten im Sommer gesät, werden schnell pelzig oder im Geschmack scharf.
Wintersorten können auf dem Beet überwintern, weil sie frosthart sind. Es gibt sie bei Porree und Zwiebeln.
Resistente Sorten sind besonders widerstandsfähig gegen gewisse Krankheiten und deshalb Anfängern besonders zu empfehlen.
Lagerfähige oder gefriergeeignete Sorten muß man wählen, wenn man zum Beispiel Möhren, Kartoffeln, Kohl und Rote Bete einlagern möchte.
Späte Sorten sind meist ebenfalls gut zu lagern. Auch zum Einfrieren gibt es gute und weniger geeignete Sorten.

<u>Sorten fürs Gewächshaus</u> sind meist durch die Vorsilbe »Treib« gekennzeichnet. Freiland-Sorten fürs Gewächshaus zu nehmen, ist nicht ratsam. Viele von ihnen gedeihen unter Glas nur schlecht, weil es ihnen dort zu feucht-warm ist. Wer ein beheizbares Gewächshaus zur Verfügung hat, kann dort den Winter über Gemüse anbauen und ernten und es den Sommer über für besonders wärmeliebende Arten wie Auberginen, Gurken, Paprika und Tomaten benützen.

Samen oder Jungpflanzen?

Überlegen Sie sich, ob Sie Ihr Gemüse selbst aussäen oder sich mit Jungpflanzen die erste Anzuchtphase ersparen möchten. Beide Verfahren haben Vor- und Nachteile.

<u>In Samenform</u> erhalten Sie ein wesentlich größeres Sorten-Angebot und dabei von speziellen Versendern auch biologisches Saatgut. Der Nachteil: Der Aufwand ist größer, die Kulturzeit länger und damit sind auch meist die Beete länger besetzt.

<u>Als Jungpflanzen</u> führen Gärtner meist nur ausgewählte, wenige Sorten, die aber an regionale Boden- und Klimaverhältnisse besonders gut angepaßt sind. Die mühselige Anzucht entfällt, die Kulturzeit auf dem Beet wird kürzer, was den weiteren Vorteil hat, daß Sie mehrere Gemüse-Arten hintereinander auf dem Beet anbauen können. Der Nachteil: Jungpflanzen sind oft nicht biologisch gezogen, sondern unter Treibhausbedingungen mit chemischen Spritzungen und Kunstdüngern großgeworden.

Tomaten brauchen viel Wärme und jede Menge Nährstoffe.

Bohnen lagern in ihren Wurzeln Stickstoffknöllchen an.

Eine bunte Gesellschaft.
Man sieht es Gemüse wahrlich
nicht an, wie groß die Unterschiede bei einzelnen Arten und
Sorten sind. Da gibt es unterschiedliche Nährstoff-Bedürfnisse
(→ Tabelle, Seite 22), verschieden
lange Kulturzeiten und ein viel-
schichtiges »Verbundsystem« aus
Sympathie und Ablehnung untereinander (→ Tabelle, Seite 27).
Manche sind robust, ihnen
machen Temperaturschwankungen
und Kälte weniger zu schaffen,
andere sind ausgesprochen
zimperlich und stellen schon bei
Temperaturen unter 15 °C ihr
Wachstum ein. Biogärtner haben
also viel zu berücksichtigen – aber
eines steht fest: Nur grün und
langweilig sind diese Leckerbissen
nicht!

Später Radicchio ist frosthart.

Sellerie, ein Nährstoff-Fresser.

Rotkohl, auch optisch ein Genuß.

Kulturzeit und Folgekulturen

Sobald Sie wissen, welches Gemüse Sie in der kommenden Gartensaison anbauen möchten, geht darum, den Anbau so zu planen, daß Sie möglichst viel ernten.

Gemüsepflanzen stehen unterschiedlich lange auf einem Beet. Die Zeit von Aussaat oder Auspflanzen bis zur Ernte wird als Kulturzeit bezeichnet. Sie ist länger, wenn Gemüse ausgesät wird und kürzer, wenn Sie mit gekauften Jungpflanzen starten.

Wer sich für Gemüse mit kurzer Kulturzeit entscheidet, kann in einer Vegetationszeit meist mehrmals hintereinander anbauen und ernten. Man spricht in diesem Zusammenhang von Folgekulturen.

Wieviele Folgekulturen und damit Ernten Sie in einem Jahr erzielen können, hängt also maßgeblich davon ab, welche Gemüse-Arten und -Sorten Sie anbauen.

Hilfreich ist hierbei eine Unterscheidung der Gemüse-Arten nach ihrer Kulturzeit.

Hauptkulturen sind Arten und Sorten, die im Frühjahr gepflanzt werden und fast den ganzen Sommer über das Beet belegen, wie Gurken, Kopfkohl, Tomaten, Sellerie und Zucchini.

Vorkulturen brauchen hingegen bis zur Ernte nur einige Wochen und sind besonders gut zum Anbau vor einer Hauptkultur geeignet. Dazu zählen Radieschen, Kohlrabi und Salat.

Nachkulturen sind zum Anbau nach der Hauptkultur geeignet, gedeihen also noch im reduzierten spätsommerlichen Licht, wie zum Beispiel Endiviensalat, Feldsalat, Winterporree oder Spinat.

Zwischenkulturen sind alle Gemüse-Arten mit kurzer Kulturzeit, die gleichzeitig zusammen mit Haupt-kulturen gepflanzt werden, aber schneller als diese reifen. So läßt sich zum Beispiel gut zwischen kleine Zucchini- oder Gurkenpflanzen Salat oder Kohlrabi setzen. Bis Zucchini oder Gurken zu wuchtigen, platzraubenden Pflanzen herangewachsen sind, können Sie Salat oder Kohlrabi bereits ernten. Zwischenkulturen sind also ein Trick, um aus möglichst wenig Beetfläche optimalen Nutzen zu ziehen.

Abwechslung – Anbau- und Erfolgsgeheimnis

Über viele Jahrhunderte hinweg haben Menschen immer wieder die gleiche Erfahrung gemacht: Der einseitige Anbau von gleichen Pflanzen auf gleichem Boden laugt diesen einseitig aus. Monokulturen schädigen Boden und Pflanzen:

• Dem Boden werden immer wieder die gleichen Nährstoffe entzogen. Damit tritt ein Ungleichgewicht in seinem Haushalt ein, die Fruchtbarkeit läßt nach.

• Die Pflanzen lagern im Boden über ihre Wurzeln immer wieder die gleichen Stoffwechsel-Abfallprodukte ein. Diese hemmen oft das Wachstum folgender Kulturen.

• Auf diese Pflanzen-Art spezialisierte Krankheiten und Schädlinge können sich einnisten und schnell zu einer Epidemie ausufern.

All dies läßt sich durch Abwechslung vermeiden.

Der Nährstoffbedarf von Gemüse-Pflanzen

Starkzehrer	Mittelzehrer	Schwachzehrer
Blumenkohl	Stangenbohnen	Buschbohnen
Brokkoli	Endiviensalat	Erbsen
Chinakohl	Kohlrabi	Feldsalat
Fenchel	Kopfsalat	Kräuter
Grünkohl	Möhren	Radieschen
Gurke	Rettich	
Kürbis	Rote Bete	
Mangold	Schalotten	
Paprika	Schwarzwurzeln	
Pastinake	Spinat	
Porree	Zichoriensalat	Wichtig: Jede Pflanze entzieht dem Boden Nährstoffe in unterschiedlichem Maße. Starkzehrer benötigen hohe Mengen, Schwachzehrer sind sehr genügsam, die Leguminosen unter ihnen reichern den Boden sogar mit Stickstoff an.
Rosenkohl	Zwiebeln	
Rotkohl		
Tomate		
Weißkohl		
Wirsing		
Zucchini		

Mein Tip: Wie immer Sie Ihr Gemüse auch anbauen, achten Sie grundsätzlich darauf, niemals die gleichen Gemüse-Arten, nie die gleichen Zehrer und nie die gleichen Familien hintereinander an die gleiche Stelle zu setzen. Dies sollte frühestens nach 3 Jahren wieder geschehen.

Fruchtfolge in Planung

Diese Methode garantiert auf sehr einfache Weise einen Wechsel im Anbau. Damit dem Boden über Jahre hinweg nicht einseitig Nährstoffe entzogen werden, unterscheidet man das Gemüse nach seinem Nährstoffbedarf in Starkzehrer, Mittel- und Schwachzehrer (→ Tabelle, Seite 22) und baut sie im jährlichen Wechsel nach einem Umlaufprinzip (→ rechts) an.
Damit die Pflanzen weder an Nährstoff-Über- noch Unterversorgung leiden, ist es wichtig, die einzelnen Gruppen angemessen zu düngen.

Die richtige Düngung

• Vor Starkzehrern erhält das Beet eine Gründüngung (→ Seite 60) im Spätsommer, 4 Wochen vor dem Anbau einen organischen Volldünger (keinen Mist bei Kohl!) und keine Vorkultur, sie wäre zu nitratbelastet.
• Vor Mittelzehrern genügt eine Kompostgabe. Hier können Sie auch beliebig Vor- und Nachkulturen einplanen.
• Vor Schwachzehrern ist auf humosen Böden keine Düngung nötig. Sandböden und schwere, wenig belebte Böden werden mit einer Gründüngung oder Kompost organisch angereichert. Vor- und Nachkulturen sind möglich.

So planen Sie die Fruchtfolge über 3 Jahre

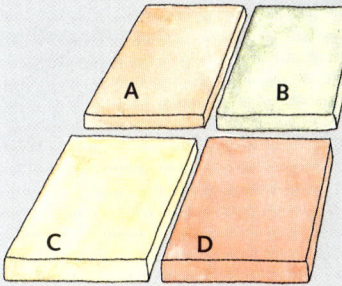

1. Jahr: Beete für Nährstoffspezialisten festlegen.

Unterteilen Sie Ihren Gemüsegarten in 4 Beete oder die ganze Anbaufläche in 4 Bereiche.
A = Starkzehrer im 1. Beet.
B = Mittelzehrer im 2. Beet.
C = Schwachzehrer im 3. Beet.
D = Dauerkulturen im 4. Beet.
Das sind Pflanzen, die meist über mehrere Jahre hinweg am gleichen Standort stehen, wie Rhabarber, Erdbeeren, Spargel.

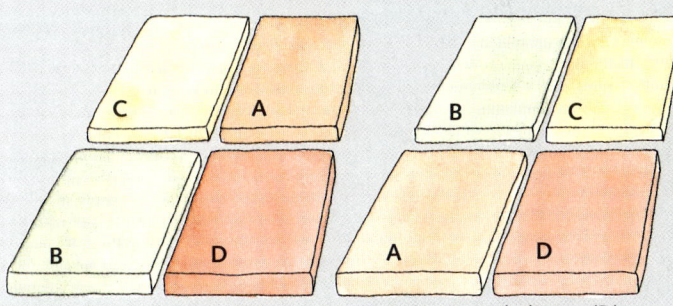

2. Jahr: Dauerkulturen (D) bleiben, die übrigen Kulturen rücken ein Beet weiter.

3. Jahr: Dauerkulturen (D) bleiben, Quartiere rücken nochmals weiter. (4. Jahr = 1.Jahr).

Checkliste für die Planung

1. Nehmen Sie ein Blatt Papier und zeichnen Sie die geplanten vier Gemüsebeete ein.
2. Schreiben Sie eine Liste Ihrer ausgewählten Gemüse-Arten.
3. Markieren Sie auf der Liste die Hauptkulturen in einer Farbe und verteilen Sie sie ihren Nährstoffansprüchen entsprechend auf die Beete für Stark-, Mittel- und Schwachzehrer.
4. Legen Sie nun die Vor - und Nachkulturen fest. Überlegen Sie bei jeder Gemüse-Art, ob sie vor die jeweilige Hauptfrucht paßt. So sollen zum Beispiel keine Kreuzblütler hintereinander angebaut werden, Radieschen vor Kohl ist also nicht günstig, Salat hingegen schon.
5. Die Dauerkulturen wie zum Beispiel Erdbeeren und Schnittlauch erhalten das 4. Beet. Sie bleiben ohne Vor- und Nachkultur.
5. Ist der Plan fertig, planen Sie die unterschiedliche Düngung und Bodenbearbeitung (→ links) der einzelnen Beete.

Grundlagen der Mischkultur

Eine andere naturgemäße Anbau-
methode ist die Mischkultur, das
Gegenteil zur Monokultur. Man
baut auf einem Beet verschiedene
Pflanzen miteinander an, die sich
gegenseitig günstig beeinflussen.
Auch bei diesem Verfahren kommen Sie nicht um das Planen herum.

Vorbild dafür ist die Natur. Auch
dort gibt es nirgends Monokulturen, sondern immer Lebensgemeinschaften verschiedenster Pflanzen,
die sich gegenseitig schützen und
fördern – aber auch in dauernder
Konkurrenz um Nährstoffe, Licht,
Wasser und Lebensraum zu einander stehen.

Im Detail funktioniert dies so:
Jede Pflanze entzieht dem Boden
Nährstoffe, die ihren ganz speziellen, arteigenen Bedürfnissen entsprechen. Gleichzeitig sondert sie,
wie jedes Lebewesen, im Austausch
Stoffwechselprodukte ab, die über
Blätter, Blüten und Wurzeln abgegeben werden. Diese Stoffwechselprodukte beeinflussen wiederum
andere Pflanzen in der Nähe, können diese hemmen oder fördern.
Benachbarte Pflanzen stehen also
ober- wie unterirdisch in ständigem
Austausch miteinander.

Die wissenschaftlichen Untersu-
chungen dazu stecken noch in den
Kinderschuhen, aber jahrhunderte-
langes Gärtnern und Beobachten
haben schon einen beträchtlichen
Erfahrungsschatz angehäuft.

Wenn Pflanzen sich gut »riechen« können

Pflanzen, deren Wurzelausscheidungen einander fördern, entwickeln dichte Ballen aufeinander
zu. Gute und kräftige Durchwurze-
lung des Bodens bedeutet aber für
jede Pflanze, daß sie reichlich Nährstoffe aufnehmen kann, was ihrer
gesamten Entwicklung zugute
kommt.

Umgekehrt können Pflanzen, deren
Wurzelausscheidungen sich gegenseitig hemmen, nur schwache, voneinander wegstrebende Wurzeln
bilden und sind infolgedessen in
ihrer gesamten Entwicklung
gehandicapt. So hemmen zum
Beispiel die Wurzelausscheidungen
der Zwiebeln das Wachstum der
Stangenbohnen.

Vielfalt – gut geplant ist reich geerntet

Mischkultur ist ohne gründliche
Planung nicht zu bewältigen. Man
kombiniert dabei zwei oder mehrere Gemüse-Arten auf einem Beet,
deren konkrete Anordnung unterschiedlich sein kann, zum Beispiel in
Reihen nebeneinander, gegenein-
ander auf Lücke versetzt oder ab-
wechselnd innerhalb einer Reihe
stehend.

Das Verfahren der Mischkultur läßt
sich auf folgende zwei Weisen anwenden.

Mischkultur pur

Dabei wählen Sie nach der Verträg-
lichkeits-Tabelle (→ Seite 27) gut-
verträgliche Gemüse-Pflanzen aus.
Sie sollten aber noch folgendes beachten:

• Setzen Sie niemals Stark- und
Schwachzehrer zusammen auf ein
Beet. Denn wenn Sie die Starkzehrer angemessen düngen, werden
die Schwachzehrer unweigerlich

überdüngt. Und umgekehrt erhalten die Starkzehrer zu wenig, wenn
Sie die Düngung auf die Bedürfnisse der Schwachzehrer abstimmen.

• Stark- und Mittelzehrer sowie
Mittel- und Schwachzehrer können
Sie jedoch problemlos miteinander
kombinieren.

• Bei dieser Anbaumethode müssen
Sie während der gesamten Kulturzeit den Starkzehrern alle 2 bis
3 Wochen zusätzliche Nährstoffe
durch eine stärkende Pflanzenbrühe
(zum Beispiel Brennessel-Comfrey-
Jauche, → Seite 80) verabreichen.

Der Vorteil: Wenn Sie als Anfänger
nur 2er oder 3er Kombinationen
planen, ist nicht sehr viel zu berücksichtigen.

Der Nachteil: Der Anbau in den Fol-
gejahren und das Düngen verlan-
gen dafür besondere Sorgfalt und
gründliches Planen (→ Fruchtwechsel, Fruchtfolge, Seite 22/23).

Die Kombination von Fruchtfolge
und Mischkultur

(→ Zeichnungen 1 bis 3).
Hierbei wendet man das Frucht-
folge-Schema an. Pflanzt jedoch
auf die jeweiligen Beete für Stark-,
Mittel- und Schwachzehrer in
Mischkultur. Zum Beispiel:

• Auf das Starkzehrer-Beet:
Tomaten, Sellerie, Zucchini.

• Auf das Mittelzehrer-Beet:
Stangenbohnen, Salat, Kohlrabi.

• Auf das Schwachzehrer-Beet:
Erbsen, Radieschen, Petersilie.

Der Vorteil: Sie haben Beet für Beet
klare Düngeverhältnisse (→ Fruchtfolge, Seite 23) und können im folgenden Jahr ohne lange Planung
dieses Anbau-Schema um ein Beet
versetzt wiederholen.

Der Nachteil: Anfänger müssen sehr
viele Kriterien zugleich beachten.

So können Sie eine Mischkultur planen für 1 Jahr

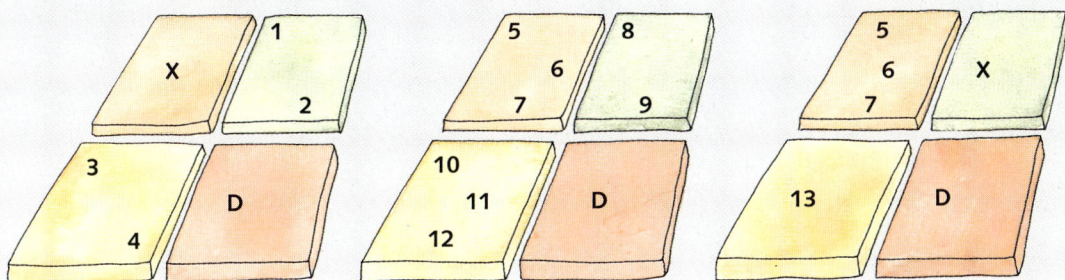

Frühling, Zeit der Vorkultur

Beet für Starkzehrer
x = Gründüngung
Beet für Mittelzehrer
1 = Kohlrabi
2 = Kopfsalat
Beet für Schwachzehrer
3 = Radieschen
4 = Kresse
Beet für Dauerkultur
Erdbeeren

So wird's gemacht
• Das Beet für die Starkzehrer erhält bereits im Spätsommer eine Leguminosen-Gründüngung zum Lockern und Anreichern von Stickstoff.
• Mittelzehrer: Wer Jungpflanzen von Kohlrabi und Salat kauft, kann bereits nach etwa 8 Wochen ernten und das Beet für die Hauptkultur nützen. Bei Frost Pflanzung mit Vlies oder Folie abdecken.
• Schwachzehrer: Radieschen und Kresse sind bereits 4 bis 8 Wochen nach der Aussaat zu ernten.
• Dauerkultur: Wer zwischen die Erdbeeren Zwiebeln, Schalotten, Knoblauch, Lauch oder Schnittlauch pflanzt, hält Pilzkrankheiten fern und hat das Beet zusätzlich genutzt.

Frühsommer, Sommer

Beet für Starkzehrer
5 = Tomaten
6 = Sellerie
7 = Kohl
Beet für Mittelzehrer
8 = Mittelfrühe/Späte Möhren
9 = Zwiebeln/Lauch
Beet für Schwachzehrer
10 = Bohnen
11 = Bohnenkraut
12 = Salat
Beet für Dauerkultur
Erdbeeren und Zwiebeln/Lauch

So wird's gemacht
• Starkzehrer: Gründüngung abmähen, kleinhacken und mit Hornspäne vermischt in den Boden einarbeiten. Tomaten so pflanzen, daß sie Kohl und Sellerie nicht schattieren.
• Mittelzehrer: Mittelfrühe Möhren aussäen, Lauch einpflanzen. Sie wehren sich gegenseitig Möhren- und Zwiebelfliege ab.
• Schwachzehrer: Bohnen stecken, Bohnenkraut säen, es wehrt schwarze Bohnenläuse ab und fördert den Ertrag. Salat dazwischen setzen.
• Dauerkultur: Von Erdbeeren Ableger abtrennen.

Spätsommer, Nachkultur

Beet für Starkzehrer
5 = Tomaten
6 = Sellerie
7 = Kohl
Beet für Mittelzehrer
x = Gründüngung
Beet für Schwachzehrer
13 = Feldsalat
Beet für Dauerkultur
Erdbeeren

So wird's gemacht
• Starkzehrer: Die Hauptkultur ist noch am Ausreifen.
• Mittelzehrer: Nach der Ernte Beet lockern, Kompost ausbringen und Leguminosen-Gründüngung aussäen, um es für die Starkzehrer im folgenden Jahr auszubauen.
• Schwachzehrer: Nach der Ernte Feldsalat aussäen.
• Dauerkultur: Zwiebeln/Schalotten/Knoblauch zwischen Erdbeeren sind erntereif.

Was Sie bei Mischkultur alles beachten sollten

Der Erfolg steckt, wie so oft, auch hier im konkreten Detail. Mischkultur planen, heißt Gemüse, die sich miteinander vertragen oder positiv beeinflussen als Nachbarn nebeneinander anzupflanzen. Darüber hinaus müssen die Verträglichkeiten auch zeitlich vor- und rückwärts bedacht werden. Die Vorkultur sollte also keine Wurzelausscheidungen im Boden hinterlassen, die der folgenden Hauptkultur hinderlich sind. Hier die wichtigsten Aspekte, die bei der Planung des zeitlichen Neben- und Nacheinanders zu berücksichtigen sind:

Permanenter Wechsel: Pflanzen Sie grundsätzlich nicht zweimal das gleiche Gemüse oder Pflanzen der gleichen Familie hintereinander an dieselbe Stelle. So vermeiden Sie, daß Krankheiten oder Schädlinge, die durch ein Gemüse, auf das sie spezialisiert sind, eingeschleppt wurden, sich ungehindert weiter ausbreiten können.

Hinzu kommt, daß einige Gemüse-Arten ihre eigenen Stoffwechselprodukte nicht vertragen, also mit sich selbst unverträglich sind. Sie sollten deshalb jedes Jahr an eine andere Stelle gepflanzt werden.

Ausnahme von dieser Regel: Tomaten und Erdbeeren. Sie lieben es, immer wieder am gleichen Platz angebaut zu werden.

Oberirdischer Ausgleich: Achten Sie darauf, daß sich Nachbarn in der Mischkultur oberirdisch ergänzen. Wechseln Sie daher ausladend buschige und schmal wachsende Gemüse-Arten miteinander ab (wie Salat mit Kohlrabi).

Unterirdischer Ausgleich: Auch unterirdisch sollen sich die Pflanzen ergänzen durch Wechsel zwischen Tief- und Flachwurzlern (wie Möhren mit Erbsen oder Porree).

Platz und Wuchsform bedenken: Mischkultur ermöglicht ein engeres Pflanzen auf dem Beet. Trotzdem heißt es, bereits beim Planen an die künftige Wuchsform der Pflanzen zu denken.

Ein Beispiel: Zucchini und Kohlrabi lassen sich problemlos in Mischkultur vergesellschaften, wenn sie Ende Mai als Jungpflanzen gleichzeitig aufs Beet kommen. Bis sich in dieser Zeit die Zucchini zu voller Größe entwickelt haben, sind die Kohlrabi bereits zu ernten. Wer jedoch im Juni (wo es bereits deutlich wärmer und das Pflanzen-Wachstum beschleunigt ist) zwischen herangewachsene Zucchini Kohlrabi-Jungpflanzen setzt, wird damit keinen Erfolg haben. Die Zucchini werden die Kohlrabi-Pflänzchen regelrecht überrollen.

Pflanzenhöhe und Lichteinfall berücksichtigen: Setzen Sie höher werdende Gemüse-Arten immer so ins Beet, daß sie niedere Pflanzen nicht beschatten.

Folgekulturen nicht vergessen: Unterschiedliche Gemüse-Arten haben unterschiedliche Reifezeiten. So können frühe Gemüse-Arten oft schon geerntet werden, wenn die benachbarten gerade erst zu wachsen beginnen.

In Mischkultur anzubauen, ist also einem Kreislauf vergleichbar, bei dem sich Gemüse-Arten auf den Beeten in ganz unterschiedlichen Entwicklungs-Stadien befinden, so daß Sie während der Vegetationszeit fast ständig ernten, neu einsäen und pflanzen können.

Vorteile der Mischkultur

Diese Anbau-Methode hat wirklich alle Pluspunkte auf ihrer Seite, sie dient Boden, Mensch und Pflanze.

• Viele Pflanzen-Partner verbessern gegenseitig Geschmack und Gesundheit ihres Nachbarn (→ rechts).

• Der Ertrag ist höher als bei Monokultur-Beeten, weil Sie in Mischkultur mehr Gemüse-Arten durch engeres Einpflanzen aufs Beet bringen. Folglich ist auch mehr zu ernten.

• Sie haben weniger Pflege-Aufwand: Die dichte Bepflanzung läßt weniger Unkraut aufkommen, so daß Jäten nahezu entfällt. Da der Boden fast immer beschattet ist, verdunstet weniger Feuchtigkeit, Sie müssen also auch weniger gießen und hacken.

• Trotz intensiven Anbaus verbessern Sie dabei Ihren Gartenboden. Die dichte Bepflanzung mit ihren zahlreichen Wurzeln fördert das Bodenleben, das sich im feuchten Bereich unter den Blättern bis zur Bodenoberfläche ausbreiten kann. Auf diese Weise wird die Humusbildung unterstützt.

• Mischkultur bringt Abwechslung in die Küche, denn Sie können die einzelnen Gemüse-Arten zeitlich versetzt kombinieren und ernten.

• Letztendlich ist Mischkultur auch etwas fürs Auge, denn Gemüse läßt sich auch sehr erfolgreich mit Kräutern und Blumen hübsch gestalten zusammenpflanzen.

Mein Tip: Die dichte Bepflanzung und die vielen »Leckerbissen« im Beet bieten Schnecken ideale Bedingungen. Im Schatten des eng gepflanzten Gemüse-Laubs können sie sich sogar tagsüber mitten im Schlaraffenland aufhalten. Sorgen Sie deshalb besonders bei dieser Anbau-Methode gegen Schnecken vor (→ Seite 99).

Gemüse-Arten	Buschbohnen	Chinakohl	Endivien	Erbsen	Feldsalat	Fenchel	Gurken	Knoblauch	Kohlgewächse	Kohlrabi	Kopfsalat	Kresse	Mangold	Möhren/Karotten	Paprika	Pastinake	Pflücksalat	Porree/Lauch	Radies/Rettich	Rote Bete	Schwarzwurzeln	Sellerie	Spinat	Stangenbohnen	Tomaten	Zichoriensalate	Zucchini	Zwiebeln
Buschbohnen		★		●	●	★	●	★	★	★			★		●		★	●	★	★		★			★			●
Chinakohl	★			★				●	●	★				★			●	●					★					
Endivien					★			★										★							★			
Erbsen	●	★			★		●	★	★	★				★			●	★	★						●	●	★	●
Feldsalat							★	★										★	★						★	★		★
Fenchel	●		★	★			★				★					★			★						●	●	★	
Gurken	★					★		★	★		★			★				★	●	★		★			★	●		★
Knoblauch	●			●			★		●					★								★			●	★		
Kohlgewächse	★	●	★	★	★		★	●			★		★				★	★	★			★	★	★				●
Kohlrabi	★	●		★	★						★					★		★	★	★	★	★	★	★	★			
Kopfsalat	★	★		★		★	★		★	★		★		★		★		★	★		★	●		★	★	★		★
Kresse											★							★										
Mangold	★						★							★				★										
Möhren/Karotten		★		★			★				★		★			★	★	★			★	●			★	★		★
Paprika	●					★				★														●	★			
Pastinake											★			★			★	★	★		★	★	★					★
Pflücksalat	★				★			★						★		★			★	★	★				★			
Porree/Lauch	●	●	★	●	★		★		★	★				★					●	★		★	★		●	★		
Radies/Rettich	★	●		★	★		●		★	★	★	★	★			★		★						★	★			●
Rote Bete	★			★		★	★	★			★					★	★	●				★					★	★
Schwarzwurzeln									★	★				★				★	★									★
Sellerie	★						★		★	★	●			★		★		★					●	★	★	★		
Spinat		★		★				★	★									★	★	●		★		★	★			
Stangenbohnen			★	●	★	●	★	●	★	★	★				●			●	★			★	★			★	★	●
Tomaten	★	★		●		●	●	★	★	★				★		★		★	★	★		★	★				★	
Zichoriensalate				★					★					★										★	★			
Zucchini			★																		★				★			★
Zwiebeln	●			●	★		★		●		★			★		★		●	★	★					●		★	

■ = Starkzehrer
■ = Mittelzehrer
■ = Schwachzehrer

★ = günstig
● = ungünstig

<u>Wichtig:</u> Pflanzen sollen nicht nur gute Nachbarn sein, sie sollen sich auch nacheinander günstig beeinflussen. Unverträgliche Arten also nicht in Vor-, Zwischen- oder Nachkultur anbauen.

Duft und Farbe für den Gemüsegarten

Denken Sie beim Planen Ihres Gemüsegartens auch an die Kräuter, denn in den Biogarten gehören sie mitten hinein. Sie erfüllen den Garten mit dem Duft ihrer ätherischen Öle und locken mit farbenprächtigen Blüten zahlreiche Insekten an. Für Mischkulturen sind die meisten bestens geeignet. Hier das Wichtigste für Ihre Planung:

• Die meisten Kräuter sind Schwachzehrer und erhalten deshalb keine eigene Düngung. Mehrjährige Kräuter bekommen alle 2 Jahre etwas Kompost, der mit Algenkalk und Steinmehl versetzt wird.

• Kräuter lieben die volle Sonne und einen lockeren humusreichen bis mageren Boden.

• Ihr Gehalt an ätherischen Ölen ist am stärksten, wenn sie nicht zuviel treiben. Beste Erntezeit ist kurz vor der Blüte am frühen Vormittag!

Aromaverbesserer in Mischkultur

Einige Kräuter sind in Mischkulturen deshalb sehr begehrt, weil sie den Geschmack ihrer Partner intensivieren und verbessern:

• Bohnenkraut: Bohnen, Fenchel, Kopfsalat.
• Dill: Erbsen, Rote Bete, Zwiebeln.
• Kresse: Radieschen.
• Kamille und Kümmel: Kartoffeln.
• Petersilie: Tomaten.

Kräuter, die Krankheiten und Schädlinge abwehren

• Bohnenkraut: Schwarze Bohnenlaus.
• Dill: Blattläuse, Kohlweißlinge.
• Lavendel: Blattläuse, Ameisen.
• Kerbel: Mehltau an Salaten; Ameisen, Schnecken und Läuse.
• Kresse: Schnecken.
• Pfefferminze: Kohlschädlinge (Erdflöhe, Kohlweißlinge), Ameisen.
• Senf: Schnecken.
• Thymian: Kohlweißlinge und Schnecken.
• Ysop: Kohlweißlinge, Schnecken.

Mein Tip: Eine besondere Bedeutung kommt Dill und Kerbel zu. Dill beschleunigt das Keimen von Samen, besonders den von Möhren. Kerbel hingegen sollte nicht in die Nähe von Tomaten gesät werden. Er verhindert ihr zügiges Wachstum.

Mischkultur mit Obst

Kräuter lassen sich aber auch mit Erdbeeren, Beerensträuchern oder Obstbäumen vergesellschaften. Zur Mischkultur mit Erdbeeren eignen sich Borretsch, Knoblauch, Kümmel, Petersilie und Schnittlauch.

Zwischen Beerenobst können Knoblauch oder Wermut gepflanzt werden. Letzterer verhindert bei Schwarzen Johannisbeeren den Säulenrost.

Unter Obstbäumen gedeihen Pfefferminze, Knoblauch, Meerrettich, Spinat oder Portulak. Oft empfiehlt es sich jedoch bei kleinkronigen Obstbäumen mit schwachem Wurzelwerk, die Baumscheibe besser unbepflanzt zu lassen, damit dem Baum keine Nährstoffe entzogen werden. Stattdessen sollte die Baumscheibe im Sommer gemulcht werden.

Beliebte Kräuter

Räumen Sie bei der Planung Ihres Gartens den Kräutern ein sonniges Plätzchen ein. und berücksichtigen Sie außerdem folgende Dinge:

• Kräuter haben eine unterschiedliche Lebenszeit, einige sind einjährig und lassen sich somit gut in wechselnde Mischkulturen integrieren. Andere behaupten ihren Platz im Beet jahrelang, kommen also besser auf ein Beet für Dauerkulturen oder Sie pflanzen um sie herum.

• Die Ansprüche an Boden und Feuchtigkeit sind zum Teil sehr unterschiedlich. Lavendel, Oregano,

Schnittlauch ist ein günstiger Partner

Rosmarin und Thymian sind nicht so gut fürs humose Gartenbeet geeignet, denn sie wünschen sich einen vollsonnigen, nährstoffarmen und trockenen Standort.
Wichtige Kräuter im Überblick:

Bohnenkraut: Einjährig. Lichtkeimer. Aussaat. Mischkultur mit Bohnen, Rote Bete und Zwiebeln.

Borretsch: Einjährig. Dunkelkeimer. Aussaat ab April. Blüten sind gute Bienenweide und eßbar. Mischkultur mit Zucchini.

Dill: Einjährig. Dunkelkeimer. Aussaat ab April. Mischkultur mit Bohnen, Erbsen, Gurken, Kohl, Salat.

Estragon: Mehrjährig. Dunkelkeimer. Aussaat oder Setzlinge pflanzen. In rauhen Lagen Winterschutz aus Fichtenreisig.

Kerbel: Einjährig. Dunkelkeimer. Aussaat ab April. Mischkultur mit Salat.

Kresse: Einjährig. Lichtkeimer. Aussaat ab April. Mischkultur mit Radieschen.

Liebstöckel: Mehrjährig. Jungpflanzen kaufen. Hemmt Wachstum anderer Pflanzen. Extraplatz geben!

Majoran: Einjährig. Lichtkeimer. Aussaat ab Mai oder Jungpflanzen kaufen. Mischkultur mit Zwiebeln.

Melisse: Mehrjährig. Dunkelkeimer. Aussaat möglich. Setzlinge pflanzen ist schneller und praktischer. Treibt jedes Jahr neu aus. Gute Bienenweide!

Oregano: Mehrjährig. Dunkelkeimer. Aussaat ab Mai oder Jungpflanzen kaufen. Überwinterung im Garten mit etwas Schutz.

Petersilie: Zweijährig. Dunkelkeimer. Keimt im Frühjahr schwer, besser Setzlinge pflanzen. Im Handel sind glatt- und krausblättrige Sorten, glatte sind aromatischer. Keimtip: Sacktuch über Aussaatstelle legen und immer feucht halten. Nie an die gleiche Stelle pflanzen, ist mit sich selbst unverträglich. Mischkultur mit Radieschen, Rettichen, Tomaten, Zwiebeln.

Portulak: Einjährig. Lichtkeimer. Aussaat ab Mai. Viel Sonne und gut feucht halten. Ist 3 bis 4 Wochen nach der Aussaat bereits zu ernten. Blätter wachsen nach dem Schnitt wieder nach.

Salbei: Mehrjährig. Jungpflanzen kaufen. Mischkultur mit Bohnen, Fenchel, Kohl, Möhren, Rosmarin.

Schnittlauch: Mehrjährig. Dunkelkeimer. Aussaat oder gekaufte Stöcke pflanzen. Mischkultur mit Erdbeeren, Möhren, Salat.

Thymian: Mehrjährig. Dunkelkeimer. Aussaat langwierig, besser Setzlinge pflanzen. In rauhen Lagen eventuell Winterschutz.

Wermut: Mehrjährig. Jungpflanzen kaufen. Pflanzabstand 60 cm. Staude wird bis zu 1,5 m hoch. Hemmt das Wachstum vieler Pflanzen, aber Mischkultur mit Johannisbeeren.

Mein Tip: Basilikum ist einjährig und gedeiht bei uns im Kübel auf Balkon und Terrasse besser als im Beet. Den mehrjährigen Rosmarin auch besser im Kübel pflegen. Er muß frostfrei im Haus überwintert werden.

für Erdbeeren, seine Blüten schmücken jedes Beet.

Vielfalt bei Wuchs und Einsatzmöglichkeit

Beeren frisch gepflückt sind eine Delikatesse, die sich kaum ein Biogärtner entgehen läßt. Will man reichlich ernten, kommt man um ein paar planerische Überlegungen nicht herum.

Beerenobst gedeiht meist viele Jahre am gleichen Standort. Deshalb ist es besonders wichtig, genau zu planen, welche Stelle es im Garten belegen soll.

Der Wunsch: »reiche Ernte« muß mit der Wirklichkeit: »vorhandener Platz« in Einklang gebracht werden. Dabei ist zum Beispiel zu berücksichtigen, daß Beerenpflanzen im Wuchs und damit in ihrem Platzbedarf recht unterschiedlich sind. Entsprechend vielfältig sind die Gestaltungs- und Pflanzmöglichkeiten.

Nieder und krautig wachsen Erdbeeren, denen Sie als Dauerkultur ein eigenes Beet reservieren sollten, auf dem sie bis zu 4 Jahre gut tragen. Dann brauchen sie einen neuen Boden und sie können nun in den Fruchtfolge-Wechsel der Gemüsebeete integriert werden (→ Seite 23).

Bis zu 1,5 m hohe Sträucher bilden Kulturheidelbeere, Jostabeere, Stachelbeere und Johannisbeeren. Sie können einzeln oder in Reihen gepflanzt werden. Eine hübsche beerentragende Windschutz-Hecke geben sie ab, wenn man sie am Zaun entlang setzt.

Lange Ruten entwickeln Himbeeren, Brombeeren, Weinreben und Kiwi. Sie brauchen spezielle Halterungen (→ Zeichnungen, Seite 33) an denen sie freistehend oder in rauheren Regionen geschützt, an der Hauswand entlang gezogen werden.

Als Hochstämmchen werden einige Beerensträucher angeboten, wie Stachelbeeren, Johannisbeeren und Jostabeeren. Für kleine Gärten sind sie nahezu ideal, weil sie weniger Platz beanspruchen und den Garten optisch größer erscheinen lassen. Bei ihnen spielt sich alles auf »höherer Ebene« ab, so daß der Platz darunter auch noch für andere Pflanzungen genutzt werden kann, wie zum Beispiel Ringelblumen oder Tagetes.

Hochstämmchen sind in 2 Höhen erhältlich:
• 30 cm hohe Stämmchen bezeichnet man als Fußstämme.
• 120 cm hohe als eigentliche Hochstämmchen.

Mein Tip: Die Veredelungsstelle ist der heikle Punkt vieler Hochstämmchen. Hier bleiben sie ein Leben lang bei Wind und Schnee gefährdet. Sie können leicht brechen und bei Verletzungen siedeln sich gerne Pilze an. Deshalb brauchen Hochstämmchen unbedingt eine Halterung (→ Zeichnungen, Seite 33).

Wo Beeren sich wohl fühlen

Sonnig, warm, windgeschützt muß der Standort sein, dann reifen Beerenpflanzen auch in rauheren Lagen und entfalten ihr volles Aroma. Nur Himbeeren und Kulturpreiselbeeren gedeihen als echte Waldpflanzen auch noch im lichten Halbschatten. Der Boden sollte locker und humos sein. Ist dies nicht der Fall lohnt sich der Aufwand, den Boden vor dem Einsetzen der Pflanzen aufzubereiten. Ungünstige Bedingungen bringen Ihnen eine magere Ernte und den Pflanzen diverse Krankheiten.
• Schwere Böden lockern Sie mit einer Leguminosen-Gründüngung (→ Seite 58).
• Durch Baumaschinen verdichtete Böden müssen mindestens 2 Jahre lang mit Anbau von Leguminosen oder Kartoffeln gelockert und angereichert werden (→ Seite 61).
• Sandige Böden reichern Sie vor dem Einpflanzen reichlich mit reifem Kompost und Gesteinsmehl an.

Durchschnittlicher Ertrag	Pflanzen für 4 Personenhaushalt
Erdbeeren: 1,5 bis 2 kg pro m², (das entspricht 10 bis 14 Pflanzen)	200 Pflanzen
Himbeeren: 1,5 bis 2 kg pro laufender m (das entspricht 2 bis 3 Pflanzen)	30 bis 40 Pflanzen
Brombeeren: 2,5 bis 3 kg pro Strauch	1 bis 2 Pflanzen
Rote und Weiße Johannisbeeren: 3 bis 3,5 kg pro Strauch (Hochstämmchen weniger)	5 Pflanzen
Schwarze Johannisbeeren: 2 bis 2,5 kg pro Strauch (Hochstämmchen weniger)	7 Pflanzen
Stachelbeeren: 2,5 bis 3 kg pro Strauch (Hochstämmchen weniger)	4 Pflanzen
Jostabeeren: 3,5 bis 4 kg pro Strauch (Hochstämmchen weniger)	3 Pflanzen
Kulturheidelbeeren: 3 bis 4 kg pro Strauch	4 Pflanzen

Erdbeeren zumindest während der Fruchtbildung mulchen, so bleiben die Früchte gesund.

Checkliste für die Planung

Planen Sie den Beerenanbau mit Papier und Bleistift:

1 Achten Sie darauf, daß die Sträucher so stehen, daß sie den Gemüsebeeten Windschutz bieten, aber keinen Schatten.

2 Notieren Sie, wo Sie Spaliere bauen und welches Material Sie dazu besorgen müssen.

3 Messen Sie aus, wieviel Platz Ihnen zur Verfügung steht. Danach ergibt sich anhand der Ertrags-Übersicht (→ links) die Anzahl der benötigten Pflanzen. Beachten Sie den Pflanzabstand der einzelnen Beeren (→ Pflanzenbeschreibungen, Seite 32/33).

4 Wer mehr Beerenobst ernten möchte, muß ein zweites Erdbeer-Beet oder eine zweite Pflanz-Reihe vorsehen. Achten Sie dann auf den richtigen Reihenabstand, damit Sie sich später bei Pflege und Ernte nicht unnötig schwertun.

Erdbeeren

Pflanzabstand: 25–30 cm.

Reihenabstand: 50 cm bei Mischkultur, 120 cm, wenn Sie selbst Ableger heranziehen möchten.

Pflanzzeit: Großfruchtige Sorten Juli/August, Monats- und Kletter-erdbeeren April/Mai.

Pflanzung: Erdbeeren zählen zu den sogenannten Dauerkulturen und werden zweckmäßigerweise auf einem Beet beim Gemüsegarten angebaut. Dort läßt man sie 3 bis

Planen

4 Jahre stehen. Dann legt man für neue Pflanzen ein neues Beet an. Erdbeer-Pflanzen sollten nicht länger als 4 Jahre kultiviert werden:
- Im 1. Jahr bilden sie die größten Früchte.
- Im 2. Jahr liefern sie die größte Ernte.
- Im 3. und 4. Jahr ist die Ernte noch gut, die Beeren werden aber zunehmend kleiner.

Sorten-Wahl: Überlegen Sie sich gut, für welche Sorte Sie sich entscheiden. Es gibt:
- Einmal tragende, großfruchtige Sorten, die mehr oder minder starke Ausläufer bilden.
- Mehrmals tragende Sorten, Wuchs und Pflanzzeit wie bei den einmal tragenden Sorten.
- Monatserdbeeren, mit kleinen, aber sehr aromatischen Früchten von Mai bis Oktober. Sie entwickeln keine Ausläufer.
- Klettererdbeeren, die sehr starke Ausläufer bilden, an denen sie noch im gleichen Jahr fruchten. Sie eignen sich gut für die Gefäßkultur auf Balkon und Terrasse.
- Die optimale Sorte sollte sein: gesund und robust, ertragreich, aromatisch, gefriergeeignet.

Erdbeeren in Mischkultur: Besonders günstige Partner sind Zwiebeln, Porree oder Knoblauch, die Erdbeeren vor Pilzerkrankungen wie Mehltau und Grauschimmel schützen. Andere gute Kombinationen sind Buschbohnen, Kohlsorten, Kopfsalat, Radieschen/Rettich, Rote Bete und Spinat.

Mein Tip: Vorteilhaft in Mischkultur: Monatserdbeeren. Sie bilden keine Ausläufer, so daß sie auf dem gleichen Beet gepflanzte Gemüse nicht überwuchern. Setzt man sie auf ein eigenes Beet, dann die Erdbeeren unbedingt mit Stroh oder Häcksel mulchen.

Himbeeren

Pflanzabstand: 50 cm.
Reihenabstand: 120 cm.
Pflanzzeit: September/Oktober oder März/April. Diese Beeren wachsen an langen Ruten.
Sorten: Es gibt eine Vielzahl an Sorten, von denen die meisten selbstfruchtbar sind. Bei Fremdbefruchtung setzen die Pflanzen mehr Früchte an, deshalb möglichst mehrere Sorten nebeneinander pflanzen. Man unterscheidet:
Einmal tragende Sorten, deren Ruten nach der Ernte absterben. Unter ihnen gibt es frühe, mittelfrühe und späte Sorten.
Zweimal tragende Sorten gestatten im Herbst noch eine Nachernte. Ihre Ruten werden erst im folgenden Frühjahr geschnitten.
Spezielle Sorten mit gelben Früchten oder Herbsthimbeeren, die von Juli bis Oktober tragen. Wie überdimensionale Himbeeren sehen die Früchte der Tayberry aus, einer Kreuzung zwischen Himbeeren und Brombeeren.
Himbeeren in Mischkultur: Die Pflanzen können mit Buschbohnen oder schwachwachsenden Erbsen unterpflanzt werden. Wer keine Unterpflanzung anlegt, muß unbedingt mulchen (→ Seite 77).

Brombeeren

Pflanzabstand: 3–4 m bei rankenden Sorten, 1–1,5 m bei aufrecht wachsenden Sorten.
Reihenabstand: 1 m.
Pflanzzeit: März/April.
Pfanztips: Brombeeren sind selbstfruchtbar. Wer nur wenig Platz zur Verfügung hat, kann also auch mit einer Pflanze reiche Ernten erzielen. Brombeeren werden an kräftigen Spalieren gezogen, je nach Sorte erreichen ihre Ranken eine Länge von etwa 8 m. Man unterscheidet:

- Stachelige Sorten, sie bilden die längsten Triebe.
- Stachellose Sorten, die sich auch zum Beranken von Pergolen oder als Sichtschutz an Terrassen eignen.
- Aufrechtwachsende Sorten.

Mulchen statt Mischkultur: Es empfiehlt sich nicht, die sehr stark wachsenden und laufend neue Wurzeltriebe bildenden Brombeeren zu unterpflanzen. Statt dessen sollte man jedoch für eine ständige Mulchschicht sorgen.

Johannisbeeren

Pflanzabstand: Rote und Weiße Sträucher 1,5 m, Schwarze Sträucher 2 m. Hochstämmchen 1,2 m.
Reihenabstand: Wie Pflanzabstand.
Pflanzzeit: September/Oktober oder März.
Sorten: Die Schwarzen Johannisbeeren sind ausladender als die Roten oder Weißen, allerdings weniger ertragreich. Rote und Weiße Johannisbeeren sind selbstfruchtbar. Bei Schwarzen Johannisbeeren gibt es selbstfruchtbare und selbstunfruchtbare, deshalb immer zwei verschiedene Sorten anpflanzen. Man unterscheidet: frühe Sorten, mittlere Sorten und späte Sorten.
Johannisbeeren in Mischkultur: Wer zwischen die Sträucher Wermut pflanzt, verhindert den Säulchenrost. Gut gedeihen die Beeren auch in Nachbarschaft von Stachelbeeren. Hochstämmchen können mit Kapuzinerkresse, Ringelblumen oder Tagetes unterpflanzt werden.

Stachelbeeren

Pflanzabstand: Bei Sträuchern 1,5 m, bei Hochstämmchen 1,2 m.
Reihenabstand: Wie Pflanzabstand.
Pflanzzeit: September/Oktober oder März.
Sorten: Man unterscheidet gelbe, grüne und rote Sorten, frühe, mit-

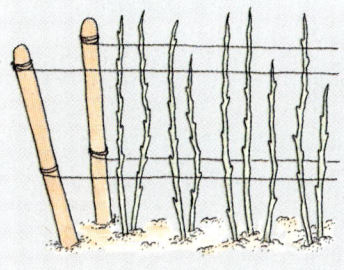

Halt für Beerensträucher

V-Spalier: Günstig für Himbeeren und Brombeeren. Im Abstand von 40 bis 60 cm V-förmig zueinander und nach außen geneigt je 2 Pfähle einschlagen. An 2 bis 3 Stellen in der Höhe versetzt einen plastik-ummantelten Draht spannen.

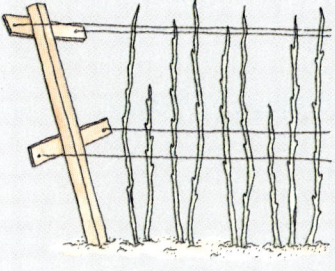

T-Spalier: Für Himbeeren und Brombeeren. Im Abstand von etwa 50 cm 2 bis 3 Holzscheite waagrecht an je 2 etwa 2 m lange Holzpfosten nageln und beidseitig Ösen daran befestigen. Pfähle tief, nach außen geneigt einschlagen. Draht durch Ösen ziehen und anspannen.

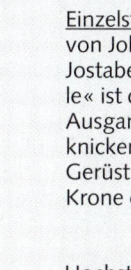

Einzelstütze für Hochstämmchen von Johannis-, Stachel- und Jostabeeren: Ihre »Schwachstelle« ist die Veredelungsstelle am Ausgangspunkt der Krone, hier knicken sie leicht. Das Dreieck-Gerüst so anbringen, daß die Krone darauf aufliegen kann.

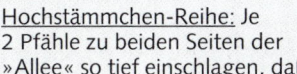

Hochstämmchen-Reihe: Je 2 Pfähle zu beiden Seiten der »Allee« so tief einschlagen, daß die darauf genagelten Latten die Krone der Hochstämmchen stützen. Bei mehreren Hochstämmen Zwischenpfosten anbringen.

telfrühe und späte Sorten. Alle Sorten sind selbstfruchtbar, fruchten jedoch reicher, wenn Sie zwei verschiedene Sorten nebeneinander pflanzen. Die einzige aber sehr lästige Krankheit ist der Stachelbeer-Mehltau, den man nur selten wieder loswird. Erkundigen Sie sich deshalb beim Kauf unbedingt nach mehltauresistenten Sorten.
<u>Stachelbeeren in Mischkultur:</u> Bewährt hat sich die Kombination mit Johannisbeeren. Unter Hochstämme können Sie Blumen pflanzen.

Jostabeeren
<u>Pflanzabstand:</u> Sträucher 3 m, Hochstämmchen 2 m.
<u>Reihenabstand:</u> Wie Pflanzabstand.
<u>Pflanzzeit:</u> September/Oktober oder März.
<u>Hinweis:</u> Jostabeeren entspringen einer Kreuzung aus Schwarzer Johannisbeere und Stachelbeere. Sie sind stachellos, selbstfruchtbar und weitgehend resistent gegen die gefürchteten Krankheiten der Eltern, den Stachelbeer-Mehltau, die Johannisbeer-Gallmilbe und die Blattfallkrankheit.

Kulturheidelbeere
<u>Pflanzabstand:</u> 1,5–2 m.
<u>Reihenabstand:</u> Wie Pflanzabstand.
<u>Pflanzzeit:</u> September/Oktober oder April.
<u>Pflanztip:</u> Die Kulturheidelbeeren brauchen einen sauren, waldähnlichen Boden (pH-Wert 4–5). Sie sind selbstfruchtbar, tragen jedoch besser, wenn Sie zwei Sorten nebeneinander pflanzen.
<u>Sorten:</u> Es gibt frühe, mittelfrühe und späte Sorten.
<u>Kulturheidelbeeren in Mischkultur</u> mit Kulturpreiselbeeren, die ebenfalls einen sauren Boden benötigen und die Bodenoberfläche gut bedecken.

Planen

Freude an Obstbäumen

Ein saftig-frischer Apfel, rotbackig und rundum ungespritzt, vom eigenen Baum gepflückt ist der Stolz eines jeden Gärtners. Jahr für Jahr bringen Apfelbäume oder andere Obstbäume eine kerngesunde aromatische Ernte, die keiner missen möchte, sobald er einmal den Unterschied zwischen Obst aus biologischem Anbau und anderen, mit allem Möglichen behandelten Früchten geschmeckt hat.

Neben diesen Gaumenfreuden bringen Obstbäume auch gestalterisch eine neue Dimension in den Garten – ein herrliches Blühen und Fruchten in der Höhe. Was wäre der Mai ohne das duftige Weiß blühender Kirschbäume, ohne das pastellzarte Weiß-Rosa der Apfelblüte?

Hinzu kommt, daß jeder ungespritzte Obstbaum zum Naturschutz beiträgt, weil er unzähligen Kleinlebewesen zu Existenz verhilft. Trotzdem – alle Träume von gesunder, üppiger Obsternte im eigenen Garten sind nur von Erfolg gekrönt, wenn Sie sich bereits vor Kauf und Pflanzung gründlich informieren, damit Sie die Bedürfnisse des Baumes und all Ihre Wünsche im Garten harmonisch miteinander verbinden können.

Planen und informieren ist gerade vor dem Einpflanzen von Gehölzen so wichtig, denn Bäume wechselt man nicht jährlich aus wie Sommerblumen.

Der Baum ist schnell gepflanzt, doch sind Freude und Nutzen nur dann gesichert, wenn Sie alle Konsequenzen, die sich aus der Pflanzung ergeben, vorher bedacht haben.

Eine ganze Reihe von Aspekten will beachtet werden:

Bäume gestalten den Garten

Bäume können unter guten Bedingungen Jahrzehnte alt werden, daran müssen Sie bei der Gestaltung ihres Gartens denken. Auch Umgestaltungen sollten Sie so planen und ausführen, daß der Baum an Ort und Stelle stehenbleiben kann, denn Bäume kann man nicht oft versetzen.

Wer gleich mehrere Bäume pflanzt, schafft sich damit Konstanten in den Garten, die spätere Veränderungen sehr einschränken. In bäuerlichen Anwesen, wo viel Platz zur Verfügung ist, werden deshalb Obstbäume gesondert gepflanzt und nicht in den Garten eingebunden. Überlegen Sie sich also den Standort für den Baum gut.

Sie werfen und spenden Schatten

Wie wunderschön das Bild von der Kaffeerunde im kühlen Schatten unter der weit ausladenden Krone eines romantischen großen Baumes. Aber wer hat schon Platz im Garten für einen Baum, der in der Gärtnersprache ganz unprosaisch Hochstamm genannt wird und dessen ausgewachsene Krone bis zu 10 m im Durchmesser beträgt?

Außerdem ist zu bedenken: Je größer der Baum, desto weiter der Schattenbereich. Dort werden Sie auch kaum andere Pflanzen anbauen können.

Aufwand bei Pflege und Ernte

Obstbäume sind anfälliger für Krankheiten und Schädlinge als Beerensträucher. Ihre Baumscheibe, der Stamm und die Triebe müssen Jahr für Jahr speziell gepflegt werden, im Herbst fällt viel Laub an und die Früchte müssen in ganz bestimmten, oft knapp bemessenen Zeiten geerntet und verarbeitet werden.

Der richtige Baum für Ihren Garten

Obstart und Sorte sollten natürlich Ihrem persönlichen Geschmack entsprechen. Bei den Arten und Sorten gibt es jedoch große Unterschiede, zum Beispiel in den Ansprüchen ans Klima oder an den Boden, so daß Sie möglicherweise Einschränkungen hinnehmen oder Kompromisse machen müssen. Beim Obstbaumkauf kann Sie ein Fachmann in einer Baumschule gut beraten. Doch einige grundsätzliche Entscheidungen müssen Sie selber treffen, weil sie zum Beispiel vom Klima an Ihrem Wohnort und vom Boden in Ihrem Garten abhängen.

Aufs Klima achten: Nicht jede Obstart kommt mit jedem Klima zurecht.

• Mirabellen, Reneklöden, Pfirsiche und Aprikosen gedeihen nur im milden Weinbauklima, in rauheren Regionen nur an außergewöhnlich geschützten Standorten wie zum Beispiel in Innenhöfen.

• Birnen und Quitten brauchen warme, sonnige Standorte in möglichst mildem Klima.

• Äpfel, Süß- und Sauerkirschen stellen ans Klima keine überdurchschnittlichen Anforderungen. Allerdings gibt es gerade bei Äpfeln und Süßkirschen eine Vielzahl von Sorten, die für spezielle Klima- und Bodenverhältnisse besonders geeignet sind. Viele Baumschulen führen auch regionale Obstsorten. Das sind meist schon ältere, für ein spezielles Klima gezüchtete Sorten, die außerordentlich robust sein können.

Boden und Standort: Bevor Sie sich für eine Sorte entscheiden, klären Sie die Bodenverhältnisse am künftigen Standort ab. Am besten entnehmen Sie eine Bodenprobe, die Sie von einem Institut oder Labor für Bodenuntersuchungen auswerten lassen (→ Seite 55). Denn nur wenn Boden und Sorte zusammenpassen, wird der Baum ein langes, gesundes und ertragreiches Leben führen.

Achten Sie darauf, daß der Standort möglichst sonnig ist und der Baum so gepflanzt wird, daß auch seine ausgewachsenen Äste nicht in Nachbars Garten hineinragen. Hierzu gibt es in den einzelnen Bundesländern gesetzliche Vorschriften über die richtigen Grenzabstände von Bäumen.

Wie steht's mit der Befruchtung?

Es gibt Obstarten, die selbstfruchtbar und solche, die selbstunfruchtbar sind. Bei manchen hängt dies von der Sorte ab.

Selbstunfruchtbare brauchen einen Pollenspender möglichst im eigenen oder zumindest in Nachbars Garten, wenn sie fruchten sollen.

Das Ganze wird noch dadurch erschwert, daß manche Sorten nur ganz bestimmte andere Sorten zur Bestäubung »akzeptieren«. Lassen Sie sich deshalb unbedingt in der Baumschule beraten.

Selbstfruchtbare Obst-Arten sind unabhängig von einem Partner, sie können Sie also allein in einen Garten pflanzen.

Selbstunfruchtbar sind Äpfel, Birnen, Süßkirschen und Reneakloden. Selbstfruchtbar sind Mirabellen, Aprikosen, Quitten und die meisten Sorten von Sauerkirschen, Zwetschgen und Pfirsichen.

Kapuzinerkresse und Ringelblumen, ideale Unterpflanzung für Obstbäume.

Planen

Mein Tip: Wenn Sie in Ihrem Garten nur Platz für einen einzigen Obstbaum haben, so achten Sie darauf, daß er selbstfruchtbar ist – oder erkundigen Sie sich in Baumschulen nach Spezialpfropfungen. Das sind Bäume, auf die zwei oder drei verschiedene Sorten veredelt sind, die sich gegenseitig befruchten können.

Auf die Blütezeit achten

Sie muß vor allem bei selbstunfruchtbaren Apfel-Sorten berücksichtigt werden. Angenommen Sie pflanzen einen Apfelbaum, der einen »Kollegen« in der Nähe hat, so kann die Ernte dennoch mißlingen, wenn beide nicht zur gleichen Zeit blühen. Bei Birnen, Pflaumen und Kirschen besteht diese Gefahr weniger, weil die Blütezeiten von frühen und späten Sorten sich über einen guten Zeitraum hinweg überschneiden.

Baumgröße und -wüchsigkeit

So herrlich ein großer Obstbaum ist, unsere kleinen bis mittelgroßen Gärten lassen weder seine Schönheit zur Wirkung kommen, noch bleibt daneben Platz für anderes. Darüber hinaus weiß die heute übliche Kleinfamilie oft nicht, wohin mit der gewaltigen Fruchtproduktion eines einzigen großen Baumes. All dies hat Gärtner und Züchter veranlaßt, Baumformen zu entwickeln, die Kleinfamilien und Kleingärten eher entsprechen. Sie können je nach Platz und Bedarf zwischen vier Baumgrößen wählen, wobei nicht jede Frucht in jeder Größe erhältlich ist (→ Zeichnung, Seite 37).

<u>Hochstämme</u> sind so hoch, daß man sich bequem unter ihrer Krone aufhalten kann, werfen aber viel Schatten und bringen riesige Ernten. Sie können bis zu 80 Jahre alt werden.

<u>Halbstämme</u> sind die am meisten verwendete Baumform bei Pflaumen und Süßkirschen.

<u>Buschbäume</u> erinnern an Sträucher. Sie sind für Pfirsiche und Sauerkirschen sehr zu empfehlen, weil damit das Ernten erleichtert wird, zum andern auch der Schnitt, der jährlich gründlich durchgeführt werden muß.

<u>Spindelbüsche</u> sind ideal für Klein- und Reihenhausgärten und erreichen bei einer Stammhöhe von 40 bis 60 cm etwa 2 bis 3 m.

Mein Tip: Bedenken Sie auch folgendes: Je niedriger der Baum, desto einfacher Pflege- und Schnittmaßnahmen.

Obstbaumtips

Manches mehr gibt es noch bei der Obstbaumpflanzung und -pflege zu berücksichtigen. Gärtner-Neulinge sollten sich in der Fachliteratur informieren oder in eine Baumschule gehen, die Kurse zu verschiedenen »Obstbaumthemen« veranstaltet. Als Orientierungs- und Planungshilfe hier noch ein paar Tips:

<u>Krankheitsresistenz:</u> Wählen Sie Sorten, die gegen bestimmte obstbaumtypische Krankheiten resistent sind. Denn was nützt eine wohlschmeckende Frucht, wenn der Baum immer wieder erkrankt und ständige Betreuung braucht?

<u>Erntezeit und Erntedauer:</u> Haben Sie bedacht, daß Ernten Zeit kosten? Kirschen reifen manchmal während der Pfingstferien, frühe Äpfel, Birnen und Pflaumen sind zur Haupturlaubszeit reif und müssen vom Baum. Bei allen Obstgehölzen gibt es frühe, mittlere und späte Sorten. Wählen Sie deshalb einen Baum, dessen Reifezeit sich mit Ihren Freizeitplänen vereinbaren läßt.

Auch die Erntedauer ist ein Faktum, das sich auf Ihre Zeit auswirkt. Einige Sorten müssen innerhalb von 14 Tagen geerntet werden, bei anderen erstreckt sich die Pflückzeit über einen ganzen Monat.

<u>Lagerfähigkeit:</u> Alle Obstarten außer Lageräpfeln halten sich nicht lange, sondern müssen bald verwertet werden. Einige Apfel-Sorten können Sie jedoch monatelang lagern.

<u>Pflege:</u> Wichtig ist:

- Die Pflege der Baumscheibe, das ist der Wurzelbereich um den Stamm herum, der dem Durchmesser der Baumkrone entspricht. Die Baumscheibe »wächst mit«, das heißt, in dem Maße wie die Krone sich ausbreitet, vergrößert sich auch die Baumscheibe.

- Die Pflege des Stammes, der richtige Schnitt und die biologischen und biotechnischen Verfahren zur Vorbeugung und Abwehr von Krankheiten und Schädlingen spielen für den Ernteerfolg eine bedeutende Rolle (in den Kapiteln »Gärtnern« und »Schützen« finden Sie viele hilfreiche Tips dazu).

<u>Hinweis:</u> Anleitung für die Pflanzung von Obstbäumen finden Sie auf den PRAXIS-Seiten »Einpflanzen«, Seite 68/69.

Obstbaum-Formen für jeden Geschmack

Die Größe muß stimmen!

Informieren Sie sich gründlich vor dem Kauf eines Obstbaums. Ein großer Baum bedeutet viel Schatten, riesige Erntemengen von ein- und derselben Sorte, wenig Sicht und einen Erntebeginn erst nach vielen Jahren. Kleinere Bäume hingegen fruchten eher, bringen Vielfalt auf den Tisch und lassen sich sogar zu Hecke oder Spalier gestalten.

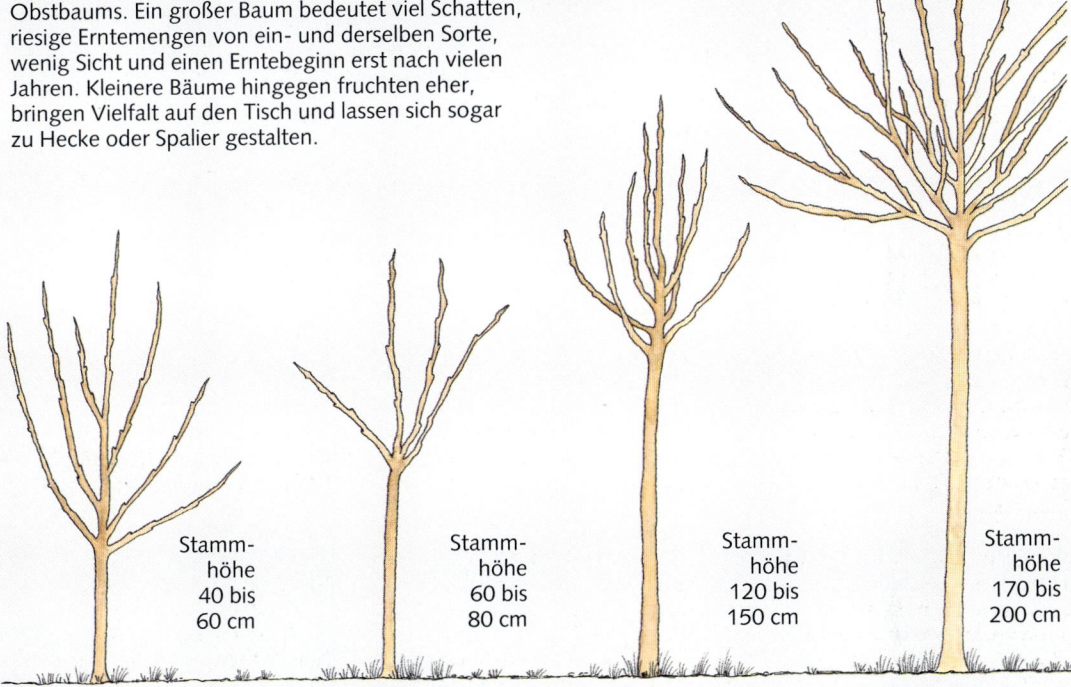

Stammhöhe 40 bis 60 cm

Stammhöhe 60 bis 80 cm

Stammhöhe 120 bis 150 cm

Stammhöhe 170 bis 200 cm

Spindelbusch
Obstarten: Apfel, Birne, Aprikose, Quitte, Kirsche (selten).
Krone im Durchmesser: 2–3 m.
Wichtig: Wird 2jährig verkauft. Trägt zum ersten Mal mit 4 Jahren. Läßt sich gut zu Hecken ziehen. Birnen-Spindelbäume sind auch zum Spalier geeignet.

Buschbaum
Obstarten: Apfel, Birne, Aprikose, Mirabelle, Pfirsich, Quitte, Sauerkirsche.
Krone im Durchmesser: 4–5 m.
Wichtig: Wird mit 3–4 Leitästen frühestens 2jährig verkauft. Trägt mit 4 Jahren zum ersten Mal. Geeignet als Solitär oder für Obst-Hecke.

Halbstamm
Obstarten: Apfel, Birne, Aprikose, Mirabelle, Pflaume/Zwetschge, Sauer- und Süßkirsche.
Krone im Durchmesser: 4–8 m.
Wichtig: Hat mehr Leittriebe als Niederstamm. Fruchtet erst mit 7 Jahren, deshalb 3- bis 5jährige Veredlungen kaufen (sie sind aber teurer)!

Hochstamm
Obstarten: Apfel, Birne, Mirabelle, Pflaume/Zwetschge, Süßkirsche, Walnuß.
Krone im Durchmesser: 6–15 m.
Wichtig: Veredlungen fruchten nach 3–5 Jahren, aus Samen gezogene Bäume frühestens nach 10 Jahren.

Wissenswertes über Blumen

Mit Blumen bringen Sie Farbtupfer und Duft in jeden Garten, außerdem – bei geschickter Auswahl – Artenvielfalt und damit eine Lebensgrundlage für viele Lebewesen. Für den Garten-Anfänger hier einige Orientierungshilfen.

Die Einjährigen werden jedes Jahr aus Samen gezogen, denn sie blühen und sterben in einer Wachstumsperiode.

Die Zweijährigen werden im Sommer ausgesät und im Herbst an ihren endgültigen Standort verpflanzt. Dort überstehen sie den Winter, um dann im folgenden Jahr zu blühen.

Die Stauden sind krautige Pflanzen, an denen Sie viele Jahre Ihre Freude haben können. Im Winter frieren die oberirdischen Teile zurück, im folgenden Frühjahr aber treibt der Wurzelstock neu aus. Einmal richtig ausgewählt und am richtigen Standort sind sie sehr pflegeleicht.

Die Zwiebel- und Knollenblumen sind ebenfalls mehrjährig und werden deshalb zu den Stauden gezählt.

Beim Pflanzen und Aussäen sollten Sie auf die speziellen Lebensbedürfnisse der Blumen achten. Wichtig sind:
- die Lichtbedürfnisse (vollsonnig, halbschattig, schattig);
- die Ansprüche an den Boden (trocken, sandig, feucht, kalkhaltig). In humosem, lockerem Boden fühlen sich die meisten wohl;
- Blütezeit, Blütenfarbe (passen sie zur vorhandenen Pflanzengesellschaft?);
- Wuchshöhe – hohe Pflanzen beim Gruppieren mehr nach hinten, niedere nach vorne setzen.

Hinweis: Ausführliche Informationen bieten Bücher über Gartenblumen (→ Literatur, Seite 111).

Ideale Biogarten-Blumen

Für den Biogärtner hat sich ein kleines Sortiment zauberhafter Blumen bewährt. Diese Pflanzen sind herrliche Blüher und gleichzeitig sehr nützliche Helfer. Sie sondern Stoffwechselprodukte über Wurzeln, Blätter und Blüten ab, die unerwünschte Kleinlebewesen abwehren, vertreiben, ja sogar vergiften oder andere Pflanzen in ihrem Wachstum fördern. Zwischen Gemüse und Kräutern gesetzt oder untereinander gemischt, leisten diese Blumen gute »Dienste« und bereichern Ihren Garten.

Mein Tip: Vollständig gefüllte Blumen sind für den Biogarten nicht gut geeignet. Sie bieten Insekten keine Nahrung und können sich nicht mehr selbst durch Samen fortpflanzen.

Ringelblumen

Calendula officinalis
Die goldgelb-orange blühende Einjährige ist die Nummer 1 im Biogarten. Sie wird im April direkt aufs Beet gesät.

Vorteile: Anspruchslos, nützlich.
- Ihre lebhaften Blüten und deren strenger Duft locken Scharen von Insekten an, so auch Schwebfliegen, deren Larven wertvolle Blattlausvernichter sind.
- Über die Wurzeln geben sie Stoffwechselprodukte an den Boden ab, die wurzelschädigende Bodenälchen (Nematoden) verjagen.
- Ihre Wurzeln lockern den Boden und regen das Bodenleben an, so daß sie stark zur Bodengesundung beitragen. Nicht umsonst enthalten Gründüngungs-Mischungen eine hohen Anteil an Ringelblumen.

Pflanztips: Säen Sie Ringelblumen zwischen Gemüse oder als Beetumrandung. Danach säen sie sich Jahr für Jahr rege selbst aus.

Besonders zu empfehlen sind sie
- in Nachbarschaft zu allen Gemüse-Arten, vor allem zu Bohnen, Erbsen, allen Kohlarten und Tomaten;
- als Baumscheibenbepflanzung unter Steinobst (→ Foto, Seite 85).

Studentenblumen

Tagetes erecta, Tagetes patula, Tagetes tenuifolia
Die in warmen Gelb-Orange-Brauntönen blühenden Blumen sind sehr frostempfindlich, deshalb erst nach den Eisheiligen auspflanzen.

Vorteile: Sie tragen sehr zur biologischen Bodengesundung bei. Ihre

Kapuzinerkresse ist eine attraktive

Wurzeln scheiden Stoffe aus, die Bodenälchen abtöten.

<u>Pflanztips:</u> *Tagetes* sind ideal
• als Begleiter für alle Obst- und Gemüsepflanzen;
• als Zwischen- und Unterpflanzung von Beerensträuchern;
• auf Baumscheiben;
• neben und unter Rosen, sie verhindern, daß der Boden rosenmüde wird.

Mein Tip: Nehmen Sie nur die streng riechenden Sorten. Züchtungen, die den speziellen Duft verloren haben, besitzen nur noch eine sehr reduzierte Wirkung.

Kapuzinerkresse
Tropaeolum majus
Diese Einjährige blüht rot, gelb, orange und dunkelviolett. Man kann damit Gartenzäune beranken, sie macht sich aber auch gern auf dem Boden breit. Sie sollte erst nach den Eisheiligen (Mitte Mai) ausgesät werden.

<u>Vorteile:</u> Sie bietet einiges.
• Blüten und Blätter lassen sich in Salate beimengen, die Früchte wie Kapern einlegen.
• Ihr scharfer Geruch wehrt alle Arten von Läusen, Raupen, Schnecken und Ameisen ab.

• Die Wurzeln hinterlassen eine ausgezeichnete Bodengare. Sie ist deshalb auch zur Gründüngung geeignet (→ Seite 59).
• Man kann die Pflanze mit allen Gemüse-Arten vergesellschaften.
• In die Nähe von Kohl gepflanzt wirkt sie als Abfangpflanze. Denn der Kohlweißling zieht für die Eiablage Kapuzinerkresse dem Kohl vor.
• Besonders hilfreich ist sie auf Obstbaumscheiben, wo sie vor allem Blutläuse abhält.

Mein Tip: Kapuzinerkresse nach dem Frost auf Beeten und Baumscheiben liegen lassen. Ihr reiches Blattwerk bildet den Winter über eine gute Bodenbedeckung (im Frühjahr in den Boden einarbeiten).

Sonnenblume
Helianthus annuus
Sie braucht nahrhaften Boden, viel Sonne und muß vor Schnecken geschützt werden. Ab Mitte Mai wird sie direkt ins Freie ausgesät.

<u>Vorteile:</u> Prachtvoll und nützlich.
• Ihre riesigen Sonnen-Blüten geben zahlreichen Insektenvertilgern reichlich Nahrung.
• Ihre Wurzeln hinterlassen einen lockeren, feinkrümeligen Boden, Gründüngungspflanze (→ Seite 59).

Kaiserkrone
Fritillaria imperialis
Sie bildet von März bis Mai mächtige Kronen aus gelben oder orangeroten Glocken. Die stark stinkenden Zwiebeln werden im September/Oktober 25 bis 30 cm tief gepflanzt und können die Blumen über 20 Jahre lang am Leben erhalten.

<u>Vorteile:</u> Der übermäßig knoblauchartige Geruch der Pflanzen wird von Wühlmäusen gemieden. Als Einfassung von Gemüsebeeten wehren Kaiserkronen diese Nager recht wirkungsvoll ab.

Abfangpflanze, die Kohlweißlinge anzieht und so vom Kohl fernhält.

Wildsträucher – schön und nützlich

Dem Biogärtner ist es ein wichtiges Anliegen alles Leben in seinem Garten zu fördern, um so der natürlichen Vielfalt der Lebewesen und dem natürlichen Spiel der Kräfte eine immer größere Chance zu geben. Mehr Leben in den Garten holen und dort artgemessen erhalten, heißt also die Devise und führt den naturgemäßen Gärtner unweigerlich zu heimischen Wildgehölzen, denn diese Sträucher sind Lebensgrundlage und Lebensraum für unzählige Tiere. Es versteht sich von selbst, daß sie deshalb nicht als geometrische Schnitthecken gepflegt werden.

Wildsträucher sind Nahrungsquellen, Lebens- und Schutzräume für Insekten, Vögel und Säugetiere. Wer weiß schon, daß Marder Holunderbeeren lieben und Füchse sich gerne an Wildäpfeln, Himbeeren, Vogelbeeren, Kornelkirschen, Schlehen, Hagebutten oder Wacholderbeeren gütlich tun? Grob gerechnet werden heimische Wildsträucher von etwa 3 Dutzend Säugetieren, 5 Dutzend Vögeln und einem -zigfachen an Insekten genutzt, die von Früchten, Blättern, Trieben oder Rinden leben. Wichtige Beispiele → Tabelle unten.

Wildhecken brauchen Platz

Der Lebensraum in einer Wildhecke vergrößert sich, je breiter und länger sie ist. Das wird in einem großen Garten leichter zu machen sein als in einem kleinen. Gehen Sie beim Planen in jedem Fall von einer Mindestbreite von 2 m aus. Die einzelnen Sträucher werden in einem Abstand von etwa 1,5 m gepflanzt. Soll die Hecke dichter werden, pflanzen sie die Gehölze 2- bis 3reihig und zwar so, daß die höher werdenden Sträucher nach hinten, die niedriger bleibenden nach vorn kommen. Die einzelnen Pflanzen werden dabei auf Lücke gesetzt.

Was bei der Auswahl zu bedenken ist

Boden: In der Natur siedeln sich Pflanzen nur an für sie optimalen Standorten an und bilden damit untereinander enge und widerstandsfähige Lebensgemeinschaften. Dies sollte dem Biogärtner als Vorbild dienen.

Wer eine Wildhecke pflanzen möchte, sollte deshalb zuerst seinen Boden untersuchen und sich danach in Baumschulen beraten lassen. Wichtig sind Nährstoff- und Kalkgehalt sowie Feuchte. Am besten erstehen sie dazu auch gleich die passenden Wildstauden zur Unterpflanzung.

Wildgehölze, die den Biogarten bereichern

Vögel fressen ihre Früchte

Wildsträucher-arten	Anzahl der Vogelarten
Vogelbeere (Sorbus aucuparia)	63
Schwarzer Holunder (Sambucus nigra)	62
Traubenholunder (Sambucus racemosa)	47
Weißdorn (Crataegus monogyna, Crataegus oxyacantha)	32
Hundsrose (Rosa canina)	27
Roter Hartriegel (Cornus sanguinea)	24
Europäisches Pfaffenhütchen (Euonymus europaeus)	24

Sie versorgen Insekten

Wildsträucher-Arten	Anzahl der Insektenarten
Salweide (Salix caprea)	213
Weißdorn (Crataegus monogyna, Crataegus oxyacantha)	163
Schlehe (Prunus spinosa)	137
Haselnuß (Corylus avellana)	112
Verschiedene Wildrosen (wie Rosa canina usw.)	103
Faulbaum (Rhamnus frangula)	45
Kreuzdorn (Rhamnus cathartica)	45

Sie ernähren Säugetier

Wildsträucher-arten	Anzahl der Säugetierarten
Wildapfel (Malus sylvestris)	35
Haselnuß (Corylus avellana)	33
Vogelbeere (Sorbus aucuparia)	31
Hundsrose (Rosa canina)	28
Schlehe (Prunus spinosa)	18
Kornelkirsche (Cornus mas)	17
Europäisches Pfaffenhütchen (Euonymus europaeus)	14
Rote Heckenkirsche (Lonicera xylosteum)	12

Was für Menschen giftig ist, ist bei Vögeln sehr beliebt – die Früchte des Pfaffenhütchens.

<u>Licht:</u> Viele Wildgehölze sind Pflanzen des Unterholzes und sind mit leichtem Halbschatten zufrieden.

<u>Blütezeit:</u> Überlegen Sie sich, ob Sie ein rauschendes Blütenfest zur gleichen Zeit gestalten möchten oder eine Hecke, in der es zeitlich versetzt immer an einer anderen Stelle bezaubernd blüht.

<u>Früchte:</u> Viele Wildgehölze besitzen im Herbst einen wunderschönen Fruchtschmuck, der Tieren reichlich Nahrung bietet. Früchte wie Hagebutten oder Holunder lassen sich gut in der Küche verwerten.

<u>Herbstfärbung:</u> Sie ist ein wichtiges Kriterium für die farbliche Gestaltung des Gartens rund ums Jahr.

<u>Laubabwerfend – immergrün:</u> Mit immergrünen Gehölzen behält der Garten auch im Winter Farbe. Laubabwerfende Gehölze bieten mit ihren Blättern wiederum zahlreichen Tieren am Boden Nahrung und Unterschlupf.

Mein Tip: Mit einheimischen Wildsträuchern haben Sie unendliche Gestaltungsmöglichkeiten – sei's bunt gemischt oder thematisch geordnet. Wie wär's zum Beispiel mit einer dornigen Vogelschutzhecke, einer Schmetterlingshecke, einer Wildrosenhecke mit zauberhaften Blüten und prallen Hagebutten oder einer Wildfruchthecke für Genießer im Herbst? Gute Baumschulen können Sie beraten und passende Sortimente bereitstellen.

Mit Schwung ins Gartenjahr

Und nun kann's losgehen. Im März beginnt die neue Gartensaison – Zeit für eine Boden-probe. Wie man sie macht und alles übers Säen, Pflanzen, Pflegen, Kompostieren, Mulchen und Düngen sowie viele hilfreiche Handgriffe rund um die Garten-Praxis finden Sie im folgenden Kapitel. Auch Anfängern wird das Gärtnern bald locker von der Hand gehen, selbst wenn anfangs das eine oder andere noch ungewohnt erscheint. Packen Sie's an – Gartenfreuden und Gärtnerstolz warten.

Gärtnern – aber auch ernten und genießen.
Wer beim Einpflanzen an die Optik denkt, kann reizvolle Gartenbilder gestalten. Schießende grüne und rotblättrige Pflücksalate wachsen zu hübschen Kegeln heran.

Geräte, die dem Biogärtner bei der Bodenbearbeitung und der Gartenarbeit gute Dienste leisten.

*Die Geräte auf dem Foto
(von links nach rechts).
Ordnung ist alles – auch beim
Gärtnern. An der Wand hängen
Holzrechen, Krail, Spaten, Mist-
gabel, Hacke, Schaufel, Sauzahn,
Rechen aus Metall, Grabgabel,
Spaten, Laubrechen, Säge und
Leiter; im Vordergrund stehen
Rasenmäher, Gartenschlauch und
Häcksler sowie Körbe und Kisten
zum Einsammeln von Gartenab-
fällen.*

Werkzeuge für den Biogärtner
Eine wesentliche Erleichterung beim
Gärtnern bringt das richtige Hand-
werkzeug. Legen Sie beim Kauf
lieber ein paar Mark zu, denn gute
Qualität macht sich bezahlt, die
Geräte rosten und verbiegen sich
nicht, sind leichter zu handhaben
und generell langlebiger.
Hier das Grundsortiment, das jeder
Biogärtner sein eigen nennen sollte:
Spaten: Es gibt ihn in schwererer
und leichterer Ausführung. Günstig

für die Gartenarbeit ist es, wenn er
einen T-Griff hat und seine Metall-
verlängerung beidseitig den Stiel
umfaßt oder als Schaft weit in den
Stiel hineinragt.
Grabgabel: Besteht aus 4 Zinken
und einem T-Stiel. Unverzichtbares
Bio-Gerät zur Bodenlockerung.
Biogabel: Alternative zur Grabgabel, mit 5 Zinken, 45 cm breit,
besonders leicht zu handhaben.
Sauzahn: Sichelförmiges Gerät zur
Bodenlockerung, meist mit einer

Kupfer-Silizium-Legierung überzogen. Der Grund: Im 19. Jahrhundert hatte man in der Landwirtschaft beobachtet, daß Stahlpflüge verringerte Ernten einbrachten, Kupferpflüge bis zu 90% mehr. Die Geräte geben Materialteilchen an den Boden ab. Die Stahlpartikel lassen den Boden leichter austrocknen, während Kupferteilchen Wasser im Boden eher binden.

Krail: Stabiles Gerät mit 3 bis 4 gebogenen Zinken in einer Reihe.

Grubber: Mit 3 gebogenen Zinken in versetzter Anordnung. Es gibt ihn in unterschiedlichen Größen, auch als Handgerät zur Lockerung zwischen Pflanzungen.

Häckchen: Günstig sind zweiseitige Geräte (mit Hackblatt und Zinken).

Schaufel: Zum Aufschaufeln von schweren Materialien wie Kompost, Erde oder Sand.

Weitere nützliche Gartengeräte sind:
- Kleine Pflanzschaufel zum Einsetzen von Jungpflanzen.
- Mistgabel zum Umsetzen von Kompost oder Aufladen von Heu.
- Rechen zum Einsammeln von Unkraut und Gartenabfällen. Mit seinem Rücken werden die Beete vor dem Säen geglättet.
- Laubbesen zum Zusammenrechen von Laub und Gras.
- Unkrautstecher zum Entfernen langer Pfahlwurzeln.
- Pflanzschnur als Orientierungshilfe bei der Reihensaat.
- Sticker und wasserfeste Stifte zum Markieren und Beschriften von Saaten.
- Sieb zum Durchsieben des fertigen Komposts.
- Eimer, Körbe, Fässer, Wannen zum Einsammeln, Transportieren, Ansetzen von Jauchen.
- Gartenschere, Schubkarre, Gießkanne, Rasenmäher oder Sense.

Grundwissen über Beete

Die wichtigste Regel: Gemüsebeete niemals an halbschattigen oder schattigen Stellen anlegen.

Anzahl: Legen Sie für Ihren Nutzgarten mindestens 4 gleichgroße Beete an, je eines für Starkzehrer, Mittelzehrer, Schwachzehrer und Dauerkulturen (→ Seite 23).

Die Alternative: Ein oder zwei lange Beete mit Abschnitten für die einzelnen Nährstoff-Spezialisten.

Lage: Die Beete sollten in Nord-Süd-Richtung verlaufen, so erhalten die Pflanzen den ganzen Tag über optimalen Sonnenschein.

Breite: Bewährt hat sich eine Beetbreite von 1,20 m. Damit erreichen Sie von jeder Seite aus mühelos die Beetmitte zum Säen, Pflanzen und Ernten. Ein weiterer Vorteil: Fast alle Pflanzvorschläge für Mischkulturen oder Gartengestaltung gehen von dieser Beetbreite aus und sind deshalb leicht nachzuvollziehen.

Länge: Hängt von den Gegebenheiten Ihres Gartens ab. Gleichlange Beete haben den Vorteil, daß Sie beim Fruchtfolge-Wechsel immer gleich viel Platz für die einzelnen Zehrer haben. Unterschiedlich lange Beete dagegen ergeben jährlich unterschiedlich große Anbauflächen.

Trittwege: Es empfiehlt sich, mindestens 30 cm breite Pfade zwischen den Beeten anzulegen. Damit Sie bei Regenwetter nicht im Schlamm versinken, sollten Sie diese Trittwege befestigen.
- Steinplatten sind eine saubere, auch bei Regen rutschsichere Angelegenheit, sind aber bei einer Umgestaltung der Beete schwer zu handhaben.
- Holzbretter werden – bei Regen mit Gummistiefeln betreten – schnell zur Rutschpartie. Sie haben aber den Vorteil, daß Schnecken tagsüber darunter Schutz suchen und somit leicht abgesammelt werden können.
- Graswege sehen hübsch aus, müssen aber Rasenmäher-Breite besitzen, weil man sie oft mähen muß. Das Gras darf nie so hoch werden, daß es zum Blühen und Samen kommt, denn der Rasenmäher schleudert den Grasschnitt – und im ungünstigen Fall auch den Samen – auf die Beete.
- Rindenmulch besteht aus dem Gehäcksel von Baumrinden. Generell verhindert er Unkrautwuchs, an trockenen Tagen wirkt er abweisend gegen Schnecken, die darüber nicht ziehen mögen.

Mein Tip: Die Beetränder sollen sich auf gleicher Höhe mit den angrenzenden Wegen befinden oder etwas tiefer liegen als sie. Auf keinen Fall sollten sie die Wege überragen, weil dadurch die Erde leicht abrieselt, das Wasser schnell abfließt und verdunstet. Festgetretene Wege, wenn nötig, aufschütten.

Beeteinfassungen: Vor dem Überhandnehmen konkurrierender Pflanzen – wie Gräser und Wildkräuter – muß man die empfindlichen Gemüsepflanzen durch eine Beeteinfassung schützen.
- Beeteinfassungen können aus Holzbrettern, Ziegeln, leeren Flaschen, die kopfüber in Reihen an den Beetrand gesteckt werden, lebendigen Einfassungen aus Buchs, Blumen (zum Beispiel *Tagetes*) oder Kräutern bestehen.
- Schneckenzäune (→ Seite 98) fassen das Beet ein und wehren gleichzeitig Schnecken ab. Da die Anschaffung dieser Zäune nicht gerade billig ist, empfiehlt es sich, alle Beete gemeinsam einzuzäunen.
- Die billigste Methode: Beetkanten so abstechen, daß eine keilförmige Rinne entsteht.

Gärtnern

Tips fürs Bodenlockern

Je tiefgrundiger man den Boden des zukünftigen Beetes lockert, desto bessere Lebenschancen haben Pflanzen und Bodenorganismen.

Lockere Sandböden kann man mit Grabgabel oder Biogabel lockern (vorhandene Grasnarben vorher abstechen). Dabei sticht man das Gerät im Abstand von etwa 20 cm tief ein und bewegt es nach vor und rückwärts.

Mittlere und schwere Böden unter Wiesen- oder Rasenflächen sollten mit Pickel, Schaufel oder Spaten tiefgrundig gelockert werden oder durch naturgemäße Methoden (→ Zeichnungen 3 und 4), die allerdings länger dauern.

Böden auf Neubaugrundstücken sind durch viele Baumaschinen und das Lagern von schweren Bauteilen meist bis in tiefe Schichten verdichtet. Bitten Sie deshalb einen Gärtner, diesen Boden zum Start tiefgrundig zu fräsen. Dann zur weiteren natürlichen Lockerung, Belebung und Anreicherung eine einjährige Leguminosen-Gründüngung (→ Seite 59) aussäen oder Kartoffeln anpflanzen.

Beete aus der Wiese – die schnelle Methode

Zeichnung 1
Dies ist die herkömmliche Art, aus Rasenflächen Beete zu gewinnen – und eigentlich nicht naturgemäß. Denn die Bodenlockerung und -durchlüftung findet durch Umstechen auf rein mechanische Weise statt, nicht durch Belebung und Anreicherung mit organischem Material. Diese Methode sollte darum nur bei mittelschweren und schweren Böden zur Anwendung kommen und dann auch nur einmalig bei der Neuanlage von Beeten.

Rasensoden abtragen (→ Zeichnung 1 a): Bevor Sie den Rasen abtragen, stecken Sie mit Hilfe von Schnur und kleinen Holzpflöcken die geplante Beetfläche ab. Berücksichtigen Sie dabei die optimale Lage und Größe von Flachbeeten (→ Seite 45). Mit dem Spaten kleine Grasquadrate hintereinander ausstechen. Dabei den Spaten nicht zu tief

eintreten, damit möglichst wenig guter Oberboden an den Rasensoden hängen bleibt. Passiert dies dennoch, so schütteln Sie die Soden kräftig über dem bereits freien Boden aus, damit der Humus dem künftigen Beet zugute kommt. Die Rasensoden sind gutes Material für den Kompost.

Holländern (→ Zeichnung 1 b): Dies ist eine Bodenlockerungsmethode, bei der man den Boden mindestens 2 Spaten tief lockert.

Angewendet wird sie bei mittelschweren und lehmigen Gartenböden:
• Heben Sie den Boden einen Spaten tief aus. Die ausgehobene Erde lagern Sie neben dem Beet.

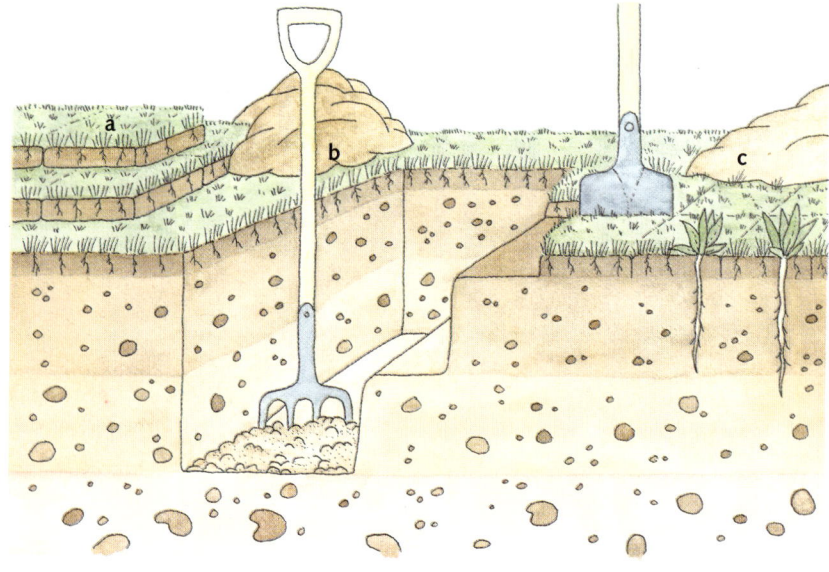

1 Beete aus der Wiese – die schnelle Methode.
Tiefgrundige Bodenlockerung auf mechanische Weise.

a Rasensoden flach abstechen und später gesondert zum Kompostieren bringen.

b Beim Holländern ein Spaten tief ausheben und ebenso tief lockern.

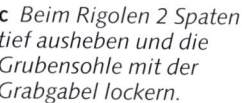

c Beim Rigolen 2 Spaten tief ausheben und die Grubensohle mit der Grabgabel lockern.

2 _Zur Bodenlockerung Grabgabel vor- und rückwärts bewegen._

• Dann mit der Grabgabel den Grubenboden tiefgrundig lockern (→ Zeichnung 2).
• Zum Schluß schaufeln Sie den Aushub wieder ins Beet zurück.
Rigolen (→ Zeichnung 1 c): Das bedeutet eine Bodenlockerung, bei der man den Boden mindestens 3 Spaten tief lockert. Es ist vor allem bei tonigen oder verdichteten Böden angebracht.
• Den Boden zuerst einen Spaten tief ausheben und die Erde neben dem Beet lagern.
• Die zweite Schicht ebenfalls einen Spaten tief ausheben und die Erde – sauber getrennt von jener der ersten Schicht – am Beetrand ablegen.
Wichtig: Die Schichten dürfen nicht miteinander vemischt werden!

• Den Grund des Beetes lockert man dann mit der Grabgabel.
• Anschließend schaufelt man die Erde der zweiten Schicht, dann die der ersten Schicht ins Beet zurück. Auch hier darauf achten, daß die Bodenschichten nicht miteinander vermischt werden und in der ursprünglichen Anordnung wieder ins Beet kommen. Beim Einschichten Steine aussondern, die über Hühnereigröße hinausgehen.

Beete aus der Wiese auf naturgemäße Art
Zeichnung 3
Mit diesem Verfahren lockern und aktivieren Sie den Boden auf natürliche Weise, müssen danach jedoch mindestens 6 Monate warten, bis Sie säen oder pflanzen können. Wer sich aber schon im Herbst an die Arbeit macht, findet bereits im folgenden Frühjahr herrlich krümelige Gartenerde vor. Und so gehen Sie vor:
• Rasensoden abtragen und auf die Seite legen, sie werden wieder benötigt.
• Oberboden lockern, indem Sie den Boden mit einem Pickel mindestens 25 cm tief durchhacken. Dabei alle Steine entfernen, die größer sind als ein Hühnerei.
• Rasensoden auflegen, und zwar mit den Halmen zum Boden und den Wurzeln nach oben.

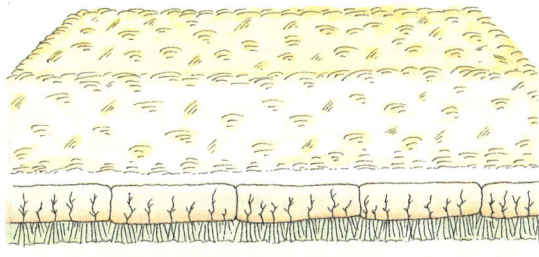

3 _Beete aus der Wiese auf naturgemäße Art._ _Boden aufpickeln und Rasensoden gestürzt auflegen. Darüber organischen Dünger und Stroh verteilen._

• Organischen Dünger darüber verteilen, zum Beispiel Mist, Kompost oder handelsüblichen organischen Volldünger.
• Beetfläche mit Stroh abdecken und mindestens 6 Monate ruhen lassen. Schichten Sie das Stroh 10 cm oder höher auf. Gegen Wind mit Reisig oder Netz abdecken.

Beete fast von selbst
Zeichnung 4
Eine Methode, bei der man sich kaum plagen muß, es aber fast ein Jahr dauert, bis aus Rasen eine Beetfläche geworden ist.
• Stecken Sie mit einer Pflanzschnur das künftigen Beet.
• Schichten Sie hoch auf diese Fläche gemischte Gartenabfälle wie Laub, Gras- und Heckenschnitt oder Stroh, auch Kartonagen sind geeignet.
• Gegen Wind am besten Netze darüberspannen.
• Nach einem Jahr ist die Pflanzendecke unter dieser Schicht verrottet, so daß man sie nur noch abrechen muß.

4 _Beete fast von selbst._ _Auf Rasenfläche Gartenabfälle hoch aufschichten, Netz darüberspannen und 1 Jahr warten._

Gärtnern

Hügelbeete

Ein Hügelbeet macht zwar viel Arbeit, garantiert aber gerade in den ersten 2 Jahren reiche Ernten. In seinem Inneren findet ein Verrottungsprozeß statt, der die Pflanzen mit Nährstoffen und Wärme von unten her reichlich versorgt.
Das bringt viele Vorteile:
• Hügelbeete sind eine gute Alternative, wenn man verdichteten, staunassen oder überdüngten Gartenboden besitzt.
• Sie sind ideale »Übergangsbeete« für Um- und Einsteiger, die ihren Gartenboden naturgemäß aufbauen, aber in dieser Zeit nicht aufs Ernten verzichten möchten.

• Hügelbeete sind ideal für kleine Gärten, denn ihre Nutzfläche ist durch die Wölbung etwa um ein Drittel größer als die Grundfläche.
• Sie können aufgrund der Verrottungswärme früher mit dem Bepflanzen beginnen und auch eher ernten, weil diese Wärme das Pflanzenwachstum beschleunigt.
• Sie können mehr ernten, weil das Gemüse inmitten nahrhaftester Umgebung wächst, weil die Hügelform ihm einen besonders günstigen Lichteinfall gewährt und weil durch das schnelle Wachstum in einem Jahr bis zu 4 Kulturfolgen hintereinander möglich sind.

Hügelbeet errichten
Zeichnung 1
Beste Zeit für den Bau:
• Im Herbst, wenn viele Gartenabfälle für den Bau verfügbar sind.
• Im Frühjahr, dann gibt die schnell einsetzende Verrottungswärme dem ersten Gemüse einen Wachstumsschub.
Grundfläche: In Nord-Süd-Richtung eine Fläche von etwa 1,5 m Breite und einer beliebigen Länge über 2 m abstecken. Rasensoden abstechen und Humusschicht 25 cm tief abtragen, separat zur Seite legen.
Als Schutz gegen Wühlmäuse die gesamte Grube mit kräftigem, feinmaschigen Küchendraht aus-

legen, der ringsum so weit übersteht, daß er später in die höheren Beetschichten eingeschlagen werden kann.
1. Schicht: Errichten Sie aus groben Pflanzenteilen (zerkleinerte Äste und Stengel) in der Mitte der Grube einen Hügel, etwa 60 cm hoch, 30 bis 40 cm breit. An Vorder- und Rückseite des Beets je 60 cm freilassen für die folgenden Schichten.
Wichtig: Mischen Sie unter jede der nun folgenden Schichten Algenkalk und Tonminerale wie Bentonit oder Steinmehl.
2. Schicht: 15 cm hoch, Rasensoden mit dem Grün nach unten auflegen und andrücken.
3. Schicht: 20 cm hoch, feuchtes Laub vermischt mit Gartenabfällen.
4. Schicht: 15 cm hoch, Mist oder halbreifer Kompost (mit möglichst vielen Regenwürmern darin).
5. Schicht: 25 cm hoch, reifer Kompost mit dem abgetragenen Humus vermischt.

Pflanz- und Pflegetips
In der Regel kann ein Hügelbeet 6 Jahre lang genutzt werden. In dieser Zeit sackt es immer mehr in sich zusammen.
Bepflanzung: Die Beete werden dicht und in Mischkultur bepflanzt, wobei obenauf die hochwachsenden Gemüse-Arten kommen (zum Beispiel Tomaten).

1 Hügelbeete garantieren reiche Ernten. Zum Schutz vor Wühlmäusen sollte man sie unten völlig mit Maschendraht auskleiden.

• Im 1. Jahr nur Starkzehrer anbauen, weil durch die Rotte sehr viele Nährstoffe freigesetzt werden; auf keinen Fall Spinat, Schnittsalat, Kopfsalat oder Rote Bete, die viel Nitrat anreichern können.
• Im 2. Jahr Stark- und Mittelzehrer.
• Im 3. Jahr Mittel- und Schwachzehrer.
• Im 4. und 5. Jahr Erdbeeren.
• Im 6. Jahr Kartoffeln. Nun ist das Hügelbeet bodeneben und hat eine herrliche Humusschicht hinterlassen, auf der Sie weitergärtnern können.
Pflege: Den Winter über mit einer etwa 5 cm hohen Schicht aus halbreifem Kompost abdecken, Stroh darübergeben, eventuell mit einem Netz sichern. Im Frühling abrechen und mit dem Sauzahn lockern. Während der Wachstumsperiode viel und regelmäßig gießen. Hügelbeete trocknen leicht aus!

Hochbeet
Zeichnung 2
Es besitzt den gleichen Aufbau und dieselben Vorzüge wie das Hügelbeet. Der Arbeitsaufwand ist durch den stabilen Korpus jedoch größer, gibt dem Beet aber über Jahre Halt und verhindert, daß Erde oder Aussaaten bei starkem Regen abgeschwemmt werden.
Für die Seitenkonstruktion eignen sich tiefdruckimprägnierte Rundhölzer

und Bohlen, Ziegelsteine oder Wellplatten.
Das Hochbeet sackt Jahr für Jahr mehr in sich zusammen, deshalb immer wieder mit Kompost auffüllen. Nach 6 Jahren sollte man es erneuern.

Kraterbeete
Zeichnung 3
Ein Geheimtip für rauhere Klimaregionen. Sichtbar gut gedeihen die Pflanzen im Schutz von Mulden, wärmespeichernden Steinen und unter dem positiven Einfluß des Rundanbaus, der – wie viele glauben – Energiefelder der Erde nutzt und das Pflanzenwachstum begünstigt.
Auf die Idee, Kraterbeete anzulegen, kam ein Biogärtner aus dem Siegerland (→ Adressen, Seite 110), der die Methode des »Circle Gardening« abwandelte und damit gute Ergebnisse erzielte.
Kraterbeet anlegen: Beste Zeit dafür ist der Herbst.
Standort: Vollsonnig.
• Boden 2 Spaten tief lockern.
• Einen Pflock in die Erde schlagen, mit einem 1 m langen Seil einen Kreis um den Pfahl ziehen, das ergibt ein Beet mit einem Durchmesser von 2 m.
• Mit der Hacke die Erde so von innen nach außen ziehen, daß ein Wall entsteht. Der tiefste Punkt im Kratermittelpunkt sollte 10 cm unter dem Gartenniveau liegen, der Wall

2 Hochbeete lassen sich seitlich hübsch mit Gurken, Zucchini oder Erdbeeren umranken.

3 Kraterbeete kann man auch als Frühbeete nutzen, wenn man sie mit Folie überspannt.

etwa 20 cm höher als der übrige Boden.
• In die Sohle des Kraters 10 bis 20 dunkle Steine legen. Tagsüber speichern sie Sonnenwärme, die sie nachts wieder abgeben.
Bepflanzung: Legen Sie mindestens 4 Beete an, damit Sie eine Fruchtfolge

über 4 Jahre (→ Seite 23) praktizieren können. Am besten pflanzen Sie in Mischkultur-Reihen, die empfindlichen Gemüse-Arten mehr ins Kraterinnere setzen umd darauf achten, daß die wärmespeichernden Steine nicht überwuchert werden.

Auf den Boden kommt es an

Aller Erfolg im Biogarten hängt von der Qualität des Bodens ab. Dabei sollte man wissen, daß kein Boden dem anderen gleicht und er sich wie ein lebendiger Organismus mit den Gegebenheiten, denen er ausgesetzt ist, verändert.

In einem Garten – und sei er noch so klein – können Sie deshalb mitunter von Beet zu Beet recht unterschiedliche Bodenverhältnisse vorfinden, die mal besser, mal schlechter sind. In jedem Fall aber gibt es keinen Boden, der sich nicht innerhalb weniger Jahre in ein fruchtbares Beet verwandeln läßt.

Das bedeutet allerdings, daß Sie wissen, welchen Boden Sie haben. Ist das nicht der Fall, sollte der erste Schritt eine Bodensuchung (→ Seite 54/55) sein. Zum nächsten gehören dann die Verbesserungsmaßnahmen (→ Seite 52/53).

Was braucht ein guter Gartenboden?

<u>Bodenluft</u> für die Atmungs- und Verdauungsvorgänge der Bodenlebewesen, die dabei Sauerstoff aufnehmen und in Kohlendioxid umsetzen, das dem Pflanzenwachstum zugute kommt.

<u>Bodenwasser</u>, das Pflanzen und Bodenorganismen mit Feuchtigkeit versorgt, die Nährstoffe löst und befördert.

<u>Organisches Material</u> wie abgestorbene Pflanzen, Pflanzenwurzeln, tote Tiere und Tierexkremente als Futter für die Bodenlebewesen. Würmer produzieren dabei die wertvollen Ton-Humus-Komplexe, die den Boden fruchtbar machen und den Dauerhumus bilden.

<u>Nährstoffe</u> für die Pflanzen (→ Tabelle »Hauptnährstoffe für Pflanzen und ihre Wirkung« Seite 11 und Seite 78).

Leichter, sandiger Boden.

Schwerer, lehmig-toniger Boden.

<u>Der richtige Kalkgehalt,</u> der als pH-Wert gemessen (→ Seite 53) wird.

- Der pH-Wert 7 besagt, daß der Boden neutral ist.
- pH-Werte unter 7 kennzeichnen saure Böden.
- pH-Werte über 7 sind bei alkalischen Böden zu finden.

<u>Der optimale pH-Wert</u> liegt für die meisten Pflanzen zwischen pH 5,5 und 7. In diesem Bereich können die Bodennährstoffe am besten von den Pflanzen aufgenommen werden. Liegt der pH-Wert über oder unter diesen Mar-

ken, ist die Nährstoffaufnahme blockiert. Sie können dann soviel düngen, wie Sie wollen, es nutzt den Pflanzen nichts, sondern verschlechtert nur den Boden

Mein Tip: Achten Sie nicht nur Ihren Pflanzen, sondern auch Ihrer Gesundheit zuliebe darauf, daß der Kalkgehalt Ihres Gartenbodens nicht unter den pH-Wert von 5,5 sinkt. Je saurer der Boden wird, desto eher lösen sich darin schädliche Metalle wie Aluminium, Blei und Cadmium. Diese Stoffe können Mensch und Tier sehr schaden, wenn sie über die Pflanze aufgenommen werden. Auch wenn sie ins Grundwasser ausgewaschen werden, richten sie beträchtlichen Schaden an.

Bodenarten

Oft entspricht die Befindlichkeit des eigenen Gartenbodens anfangs nicht dem Ideal des Biogärtners. Kein Grund zum Verzweifeln! Schauen Sie sich erst einmal Ihren Boden genau an.

Viele Eigenheiten können Sie bereits anhand der Bodenart erkennen und daraus ergeben sich dann auch schon Verbesserungsmaßnahmen. Von welcher Art Ihr Gartenboden ist, hängt dabei von seinen mineralischen Bestandteilen ab, genauer gesagt, von der Korngröße dieser Teilchen. Nachfolgend die wichtigsten Bodenarten, die Sie in dieser reinen Form in der Natur sicherlich nur selten vorfinden werden und von denen es sowohl in der Natur als auch im Garten unzählige Übergänge gibt.

Regenwurmhumus, ein idealer Boden für den Biogarten.

Sandböden

Sandteilchen besitzen einen Durchmesser von 2 bis 0,063 mm. Je nach Korngröße unterscheidet man Grob-, Mittel- und Feinsand. Sandböden gelten als leichte Böden, ihre relativ großen runden Körnchen haften wenig zusammen und besitzen viele und große Zwischenräume, man nennt sie Grobporen.

Vorteile:
• Sie lassen sich leicht bearbeiten.
• Sie sind gut durchlüftet.
• Sie erwärmen sich rasch.
• Organische Substanz wird rasch zersetzt, Humus bildet sich also verhältnismäßig schnell, wird aber auch in kurzer Zeit verbraucht.

Nachteile:
• Sandböden sind arm an organischer Substanz; es ist also wenig Bodenleben vorhanden.
• Sie besitzen kaum Tonminerale, die Wasser und Nährstoffe speichern können und trocknen folglich schnell aus.
• Sie besitzen wenig Nährstoffe.
• Dünger wird schnell ins Grundwasser ausgewaschen.

Verbesserungsmaßnahmen finden Sie auf Seite 52.

Tonböden

Sie setzen sich aus winzigen Tonmineralen zusammen, die kleiner als 0,002 mm und nicht kugelig wie Sandkörner sind, sondern in feinsten Blättchen schichtartig, sehr dicht übereinanderliegen. Die Zwischenräume sind sehr gering, man nennt sie Feinporen.

Reine Tonböden gelten als schwere Böden, in denen Gemüse-Pflanzen nicht gedeihen können.

Nachteile:
• Tonböden neigen zu Staunässe und sind kalt.
• Ihre Tonminerale quellen bei Regen auf und schrumpfen bei Trockenheit, so daß sich tiefe Risse bilden können.
• Sie sind schlecht durchlüftet.
• Meist sind sie arm an organischer Substanz, weil sie Bodenlebewesen äußerst schlechte Lebensbedingungen bieten.

Vorteile:
• Tonböden können Wasser gut speichern. Auf Böden mit dieser Grundstruktur müssen Sie also weniger gießen.
• Tonböden sind reich an Nährstoffen. Diese können aber von den Pflanzen nicht direkt aufgenommen werden, sondern müssen erst von den Bodenorganismen erschlossen werden.

Verbesserungsmaßnahmen finden Sie auf Seite 52.

Lehm- oder Lößböden

Sie bestehen aus mineralischen Teilchen unterschiedlicher Art und zwar aus Sand-, Ton- und Schluffteilchen (Korngröße 0,063 bis 0,002 mm) in variabler Mixtur.
• Lehmböden besitzen Sand, Ton und Schluff zu annähernd gleichen Teilen,
• Lößböden etwa 10 bis 15% Sand, 65 bis 80% Schluff und 10 bis 25% Ton.

Vorteile:
Sowohl Lehmböden als auch Lößböden haben nur Vorteile.
• Sie sind sehr fruchtbar.
• Sie besitzen viele Nährstoffe, die von den Pflanzen direkt aufgenommen werden können.
• Biologisch sind sie sehr belebt, da sie Wasser und Wärme gut speichern können und gut durchlüftet sind.

Gärtnern

Was ist eigentlich Humus?

Man versteht darunter ganz allgemein die abgestorbenen organischen Stoffe in und auf dem Boden. Im Detail lassen sich dabei unterschiedliche Humusformen erkennen, je nachdem, ob der Boden bearbeitet oder nicht bearbeitet wird und wie stark dabei die Durchlüftung ist.

Dauerhumus ist die wertvollste Humusform. Er entsteht, wenn sich die verrottenden organischen Abfallstoffe mit Tonteilchen der Erde vermengen. Verantwortlich dafür sind bestimmte Bodenlebewesen, allen voran der Regenwurm. Dauerhumus sorgt für die Krümelstruktur des Bodens. Er ist zwar stickstoffreich, gibt diesen jedoch nur langsam an die Pflanzen ab.

Nährhumus besteht aus frisch zersetzten organischen Stoffen, sozusagen Zwischenprodukten der Rotte, die Bodentieren als Nahrung dienen. Seine Nährstoffe stehen den Pflanzen schneller als die an Tonminerale gebundenen zur Verfügung, sind jedoch auch schneller verbraucht.

Die Humusbildung zu unterstützen, ist eine der wichtigsten Aufgaben im Biogarten. Und das geht Hand in Hand mit den bodenverbessernden Maßnahmen, um die man bei Problemböden in keinem Fall herumkommt.

So verbessern Sie Sandböden

Sandböden können Wasser und Nährstoffe kaum halten, weil sie äußerst arm an Tonmineralien sind. Wichtig ist es deshalb, sie bindiger zu machen und mit organischem Material anzureichern.
Sie können Sandböden verbessern und gleichzeitig das Beet nutzen.

Folgendes ist zu tun:
Bentonit ausstreuen, mehrmals im Jahr eine kleinere Menge in den Boden einarbeiten (insgesamt etwa 300 g pro m² im Jahr).

Kompost ausbringen (→ Seite 91), mehrmals in kleinen Mengen, am besten jeweils während der Bodenbearbeitung im Herbst und Frühjahr (→ PRAXIS-Seite 56/57) sowie 2- bis 3mal während der Wachstumsphase.
Den Kompost leicht in den Oberboden einrechen. Kompost in Verbindung mit dem Tonmineralmehl Bentonit fördert die Bildung der Ton-Humus-Komplexe.

Mulchen während der Wachstumszeit (→ Seite 76/77), damit der Boden nicht so schnell austrocknet und das Bodenleben sich bis unter die Bodenoberfläche ausbreiten kann.

Gründüngung aussäen – nach der Ernte, also vom Spätsommer bis zum Frühjahr (→ Seite 58 bis 61). Günstig ist auch eine Gründüngung vom Frühjahr bis in den Frühsommer hinein. Dabei sollten Sie Pflanzen wählen, die viel Wurzel- und Grünmasse bilden (zum Beispiel »Grünhumus« oder Phacelia). Beides wird zur organischen Anreicherung in den Boden eingehackt.

So verbessern Sie schwere Tonböden

Tonböden sind zwar reich an Nährstoffen, diese stehen den Pflanzen jedoch nicht direkt zur Verfügung, sondern müssen erst durch Bodenorganismen erschlossen werden. Das Programm zur Bodenverbesserung lautet also: Anreicherung mit organischer Substanz sowie Lockerung und Durchlüftung.
In schweren Fällen können Sie das Beet während der Verbesserungsmaßnahmen nur wenig oder gar nicht nutzen.

Das ist zu tun:
Boden tiefgrundig lockern, mechanisch mit dem Spaten und dabei großzügig Sand oder gehäckselten Gehölzschnitt einarbeiten.

Kalk, das heißt kohlensauren Kalk oder Algenkalk bei der Bodenbearbeitung im Frühjahr und Herbst leicht in den Boden einarbeiten. Kalk aktiviert das Bodenleben und macht die Nährstoffe für die Pflanzen verfügbar.

Gründüngung mehrere Jahre lang hintereinander aussäen. Am besten dafür geeignet sind tiefwurzelnde Pflanzen (wie Blaue Bitterlupinen), die den Boden tiefgrundig lockern. Kompost ausbringen zur Anreicherung mit organischer Masse.

So verbessern Sie moorige Böden

Moorböden, die in manchen Landstrichen sehr häufig vorkommen, sind sauer und daher nicht geeignet für die Mehrzahl beliebter Gemüse-Arten. Sie sind naß und bestehen zu über 60 % aus organischer Substanz.
• Flachmoorböden sind reich an Stickstoff und Kalzium, aber arm an Kalium und Phosphor.
• Hochmoorböden sind überhaupt nährstoffarm.

Es dauert schon einige Zeit und macht viel Arbeit, bis Sie einen Moorboden – und sei's auch nur eine verhältnismäßig kleine Fläche fürs Gemüsebeet – aufgebaut haben. Viele ziehen daher Hoch- oder Hügelbeete (→ Seite 48/49) als Alternative vor.
Wer's dennoch probieren möchte, kann folgendes tun.

Bodenanalyse als erstes erstellen lassen mit genauen Angaben zum Aufkalken.

Dränagen anlegen, um den Boden zu entwässern (Beratung im Baustoffachhandel).

Sand einarbeiten, damit der Boden

Mineralische Boden-Verbesserungsmittel
Bewährte Boden-Aufbereitungsmittel, die der Fachhandel führt

Bentonit (hinten), Lavagranulat (links), Steinmehl (rechts).

Tonmineralmehl (Bentonit)

Bentonit ist ein tonhaltiges Steinmehl, das Sie unter diesem Namen im Fachhandel bekommen. Es enthält verschiedene Spurenelemente wie Calcium, Magnesium, Eisen, Mangan und Bor.
• Da es Wasser bis zum 2,5fachen seines Eigengewichtes aufnehmen kann, verbessert es stark die Wasserhaltekapazität des Gartenbodens.
• Es fördert die Bildung der Ton-Humus-Komplexe.

wasserdurchlässiger wird.
Kohlensauren Kalk oder Algenkalk nach Dosierung des Bodenlabors ausbringen.
Bentonit mehrmals im Jahr aufs Beet streuen und einrechen.
Lehmhaltigen Kompost im Frühjahr und Herbst in die Bodenoberfläche einarbeiten.

Lavagranulat

Es ist ein Bodenverbesserer in doppelter Hinsicht. Anfangs dient es als Mulchmaterial und kann das ganze Jahr über auf dem Beet bleiben. Die porösen, dunklen Steinchen speichern Feuchtigkeit und Wärme. Lavagranulat gibt es in verschiedenen Korngrößen. Je gröber, desto beständiger sind sie. Nach einiger Zeit zersetzt sich das Granulat, es wird dann zur Lockerung in den Boden eingearbeitet, der dabei auch mit Kalk, Kalium, Magnesium und Spurenelementen angereichert wird.

Steinmehle

Sie liefern dem Boden wichtige Minerale und Spurenelemente (vor allem Kieselsäure).und verbessern damit die Lebensbedingungen der Bodenlebewesen.
• Sie sind ideal für mittelschwere Böden und Kompost.
• Pflanzen werden widerstandsfähig gegen Krankheiten.

Organische Boden-Verbesserungsmittel

Kompost und Kalk sind zwei unentbehrliche Boden-Verbesserungsmittel für den Biogärtner.
Kompost
• Kompost aktiviert das Bodenleben im Beet.
• Er reichert leichte Böden an, so daß sie Wasser und Nährstoffe besser halten können.
• Er lockert schwere Böden, die dadurch besser durchlüftet sind und sich folglich leichter erwärmen.

• Kompost fördert bei Pflanzen die Aufnahme der Spurenelemente und kurbelt ihr Wachstum an.

Kalk
Verbessert die Bodenstruktur und regt die Tätigkeit der Bodenorganismen an. Der Gärtner muß kalken, weil Kalk aus bewirtschafteten Böden ins Grundwasser ausgewaschen wird und auch von Pflanzen aufgenommen und damit dem Boden entzogen wird.
Fehlt Kalk, so können auch andere Nährstoffe im Boden nicht aufgenommen werden.
Für jede Bodenart gibt es einen optimalen Kalkgehalt (pH-Wert), bei dem die Nährstoffe für die Pflanzen optimal verfügbar sind:

Opimale pH-Werte für

Lehm- und Tonböden:	pH 7,0 bis 7,8;
Sandige Lehmböden:	pH 6,3 bis 6,7;
Sandböden:	pH 5,3 bis 5,7;
Moorböden:	pH 5,0.

Anwendungstips: Streuen Sie nie viel Kalk auf einmal aus, besser öfter und behutsam.
Verwenden Sie nur kohlensauren Kalk oder noch besser Algenkalk (er ist zugleich reich an Spurenelementen), denn beide wirken sehr schonend auf den Boden ein.
Wichtig: Nehmen Sie nie Branntkalk, er zerstört das Bodenleben.

Gärtnern

Der Start in den Biogarten ist erfolgversprechender, wenn Sie sich noch vor dem ersten Säen ein möglichst umfangreiches Bild von Ihrem Gartenboden machen.

Der beste Zeitpunkt dafür liegt im Herbst, wenn die Beete abgeräumt sind oder im Frühjahr, bevor das Gartenjahr beginnt.

Was zu prüfen ist
Einsteiger sollten
• die Bodenart,
• die Nährstoffe,
• den Kalkgehalt
• und die biologische Aktivität ihres Bodens kennen.
Umsteiger haben vermutlich schon einige Zeit ihren Boden bearbeitet. Aber auch sie sollten eine Bodenprobe vornehmen. Gerade Klein- und Hausgärten, die auf herkömmliche Weise bewirtschaftet

wurden, weisen oft eine hohe Überdüngung (vor allem mit Stickstoff) auf. Hier ist es wichtig, einen Nitrat-Test vorzunehmen. Im Gartenfachhandel gibt es dazu fertige Test-Sets.

Die Fingerprobe
Der ideale Test für Anfänger, einfach und ohne Aufwand. Für jeden, der schnell Aufschluß über seine Bodenart wünscht.

So wird's gemacht
Nehmen Sie etwa einen Eßlöffel voll Erde in die Hand und rollen Sie diese zwischen den Handflächen.
Sandboden haftet nicht an den Händen und läßt sich nicht haltbar formen. Die Sandkörner fühlt man deutlich zwischen den Fingern.
Tonboden ist extrem formbar, er läßt sich wie

Teig in Bleistiftdicke ausrollen. Ton fühlt sich schmierig an und bleibt an den Händen kleben.
Lehmboden läßt sich ebenfalls ausrollen, bricht jedoch leicht. Seine gröbere Körnung ist gut zwischen den Fingern fühlbar. Feuchter Lehm haftet an den Fingern.

Die Spatenstrukturprobe
Zeichnungen 1 bis 3
Damit lassen sich rasch Bodenart, Humusgehalt sowie die biologische Aktivität Ihres Gartenbodens bestimmen.
Probe entnehmen:
Stechen Sie den Spaten in seiner ganzen Tiefe in den Boden ein, bewegen Sie ihn jedoch dabei nicht vor- oder rückwärts (→ Zeichnung 1).
• Entfernen Sie nun mit einer kleinen Pflanzschaufel etwas Erdreich

von der Spatenrückseite (→ Zeichnung 2).
• Ziehen Sie den Spaten heraus, aber so, daß das Bodenprofil auf der Vorderseite des Spatens nicht zerstört oder verwischt wird (→ Zeichnung 3).
Bodenart bestimmen:
Nehmen Sie eine kleine Menge der herausgeschaufelten Erde und machen Sie die Fingerprobe (→ links).
Humusgehalt bestimmen:
Messen Sie nach, wie weit die oberste, dunkelbraune Bodenschicht reicht:
• 5 cm = befriedigend
• 10 cm = gut
• 20 cm = sehr gut.
Biologische Aktivität bestimmen: Darüber gibt die bereits gemessene Höhe der Humusschicht Auskunft.
Daneben sind aber auch noch andere Kriterien aufschlußreich:
Organische Substanz:
Vergrößern Sie für diesen Test die Grube. Heben Sie ein Loch von mindestens 2 1/2 Spatentiefen aus und betrachten Sie jetzt einmal genau den vergrößerten Ausschnitt des Bodenprofils:
Ist der Boden mit Wurzeln und Pflanzenresten gut durchsetzt?
Wie weit reichen die Wurzeln nach unten?
Die Bewertung:
• bis 20 cm = ungenügend
• 30 cm und mehr = ausreichend
• 50 cm und mehr = gut.

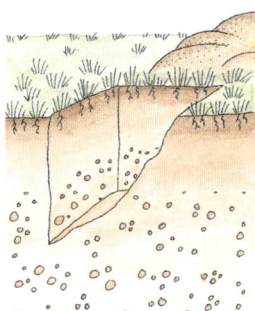

1 Spatenstrukturprobe. Spaten bis zum Schaft in den Boden stechen.

2 Mit der Pflanzschaufel Erde von der Spatenrückseite abgraben.

3 Spaten herausziehen, auf Vorderseite Bodenprofil nicht verwischen.

Wurmbestand: Können Sie Würmer, Wurmlöcher oder Wurmkothäufchen erkennen?
Je mehr Regenwürmer in Ihrem Gartenboden leben, desto aktiver ist sein Bodenleben und umso höher ist der Grad seiner Fruchtbarkeit.

Der Kalk-Test
Ein Boden ist entweder kalkhaltig (alkalisch), neutral oder – bei einem Mangel an Kalk – sauer (basisch).
Der pH-Wert: Damit läßt sich der Kalkgehalt messen; er macht in Zahlen die Bodenreaktionen kenntlich:
• neutraler Boden = pH-Wert 7,
• saurer Boden = pH-Werte unter 7,
• kalkhaltiger Boden = pH-Werte über 7.
pH-Wert messen: Am einfachsten für Laien ist das Messen mit Indikatorpapier oder speziellen Kalk-Meßtests (im Fachhandel erhältlich).
• Fürs Messen brauchen Sie eine Durchschnittsbodenprobe, wie Sie sie auch für die fachmännische Bodenuntersuchung im Labor entnehmen (→ Zeichnung 4).
• Davon einen Eßlöffel voll in ein Glas geben, mit einem Viertelliter destilliertem Wasser vermengen und gut durchschütteln.
• Sobald sich die Erde gesetzt hat, halten Sie ein Indikatorpapier hinein. Anhand der Verfärbung können Sie nun den pH-Wert ablesen.
Hinweis: Beim Kalk-Test aus dem Fachhandel bewirkt eine zugegebene Tablette die Verfärbung.

Nährstoffgehalt ermitteln
In welcher Menge die wichtigsten Nährstoffe in Ihrem Gartenboden vorkommen, können Sie problemlos selbst ermitteln. Zum Bestimmen der Hauptnährstoffe Stickstoff (N), Phosphor (P) und Kalium (K) hält der Fachhandel unterschiedliche Test-Sets bereit.

Die Bodenuntersuchung vom Fachmann
Zeichnungen 4 und 5
Am einfachsten für den Anfänger ist es, eine Bodenprobe an ein Untersuchungslabor (→ Adressen, Seite 110) einzuschicken. Diese Labors liefern nicht nur einwandfreie Daten, sondern geben auch spezielle Tips zur Verbesserung Ihres Bodens.
Fordern Sie vor dem Test die Unterlagen des Labors Ihrer Wahl an und erkundigen Sie sich nach Preis und Leistung.
Bodenprobe entnehmen: Jede Bodenprobe sollte immer nur einem Zweck dienen. Deshalb zum Beispiel für Gemüse-Beete Erde von mehreren Stellen, von den dafür vorgesehenen Flächen entnehmen. Wollen Sie Ihren Rasen verbessern, dann holen Sie dort einige Proben.
• Graben Sie dazu 10 bis 20 cm tief und geben Sie einige Handschaufeln voll in einen Eimer.
• Erde im Eimer gut vermischen.
• In eine Plastiktüte füllen und 500 g abwiegen.
• Fest verpacken und gut beschriftet an das Bodenlabor einsenden.
• Weisen Sie deutlich darauf hin, daß Sie Ihren Boden biologisch bearbeiten möchten, damit sich die Empfehlungen an naturgemäßen Verfahren orientieren.

4 Die Bodenprobe fürs Labor. Mit der Pflanzschaufel aus 10 bis 20 cm Tiefe Bodenproben entnehmen und zwar genau von den Stellen, die für Bepflanzungen genutzt werden sollen. Die Proben in einem Eimer sammeln und gut vermischen.

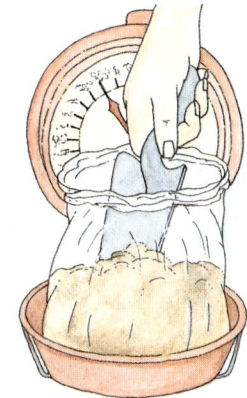

5 Die Bodenprobe in eine Plastiktüte füllen und 500 g abwiegen.

Gärtnern

1 Herbstarbeiten. Boden mit Grabgabel oder Sauzahn lockern, Unkraut dabei entfernen.

Bodenpflege im Herbst

Zeichnungen 1 bis 4
Eine Grundregel fürs Lockern, Belüften und Ernähren des Bodens im Biogarten lautet: Gründliche Bodenpflege im Herbst, leichtes »Nachbessern« im Frühling! Anfänger, die im Frühjahr mit der Anlage von Beeten beginnen, sind natürlich davon ausgenommmen, denn die erstmalige

Bodenbearbeitung muß immer gründlich sein (→ Neuanlage von Beeten, Seite 46/47).
Bester Zeitpunkt für die Herbstpflege ist Ende Oktober/Anfang November. Sie können also noch bis tief in den Herbst hinein Gemüse vom Beet ernten.

Die Geräte fürs Lockern hängen vom Boden ab.
• Schwere, lehmig-tonige Böden bearbeitet man mit der Grabgabel. Sie wird im Abstand von etwa 20 cm tief in den Boden gestochen und dann kräftig nach vor- und rückwärts bewegt.
(→ Zeichnung, Seite 47). Auf diese Weise wird die Erde gelockert, ohne daß die Bodenschichten durcheinander geraten.
• Leichte sandige oder lockere humose Böden sind besser mit dem Sauzahn oder dem großen Grubber zu bearbeiten. Um den Boden gleichmäßig und gründlich zu lockern, ziehen Sie das Gerät diagonal in parallelen Reihen von einer Beetkante zur andern. Anschließend pflügt man ebenfalls diagonal von der gegenüberliegenden Beetseite zur ersten, so daß ein Rautenmuster entsteht. So haben Sie die Gewähr, daß der Boden gründlich gelockert ist.

Lockern und Jäten
Zeichnung 1
Unkraut entfernen geht Hand in Hand mit der Lockerung des Bodens. Viele der Kräuter werden dabei entwurzelt, so daß man sie leicht absammeln kann. Tiefwurzelnde Wildkräuter (wie Löwenzahn, Ampfer) werden mit dem Unkrautstecher ausgegraben.

Mit Nährstoffen versorgen
Zeichnungen 2 und 3
Organische Dünger, die im Herbst ausgebracht werden, können von den Bodenlebewesen den Winter über zu pflanzenverfügbaren Nährstoffen verarbeitet werden. Jedoch nicht zuviel düngen, denn die Tätigkeit der Bodenorganismen ist im Winter sehr reduziert, so daß ungenutzte Nährstoffe ins Grundwasser ausgewaschen werden. Düngen Sie gemäß der Beetbesetzung im Folgejahr.
Für Starkzehrer Mist, halbreifen Kompost (→ Seite 84) oder einen organischen Volldünger (120 g pro m^2) verteilen.
Für Mittel- und Schwachzehrer reifen Kompost (→ Seite 84) oberflächlich ausbreiten oder etwas organischen Volldünger (60 g pro m^2) ausstreuen.

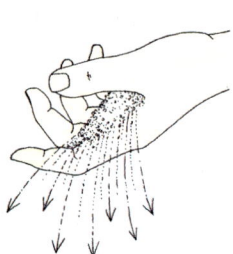

2 Organischen Dünger, Gesteinsmehl und Algenkalk ausstreuen.

3 Dünger mit dem Rechen in den gelockerten Boden einarbeiten.

4 Beetoberfläche mit Stroh, Laub oder anderen Gartenresten abdecken.

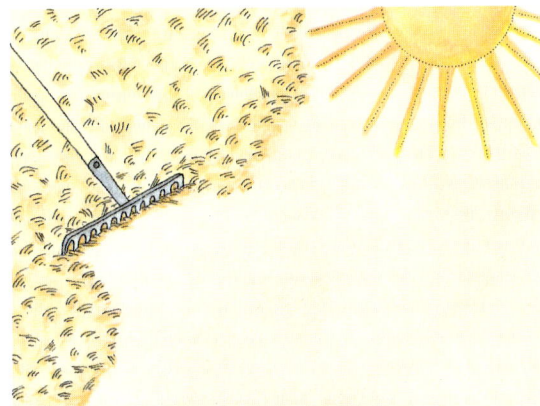

5 *Frühlingsarbeiten.* Mulchschicht abrechen, Beet von Sonne und Wind abtrocknen lassen.

Alle Beete erhalten zusätzlich Gesteinsmehl (je sandiger der Boden desto mehr, je schwerer desto weniger) und etwas Algenkalk.
Alle Dünger mit dem Rechen leicht in den Boden einarbeiten.

Den Boden schützen
Zeichnung 4
Im Biogarten sollte der Boden im Winter immer bedeckt sein. Ideal ist eine schützende Mulchschicht aus Stroh, Laub oder Grasschnitt. Damit der Wind das leichte Material nicht verweht, Reisig oder ein Netz darüberlegen.
Mein Tip: Die Aussaat von Gründüngungspflanzen (→ Seiten 58 bis 61) im Herbst ist eine Alternative zur tiefgründigen Bodenbearbeitung.

Bodenpflege im Frühling
Wenn sich die Kätzchen der Salweide dottergelb in Blütenstaub gehüllt haben, können Sie sich an die Frühjahrsbearbeitung Ihrer Beete machen. Meist ist dies Ende März/ Anfang April der Fall.

Mulchschicht abrechen
Zeichnung 5
Machen Sie sich an einem trockenen, schnee- und frostfreien Tag ans Werk. Die Mulchreste vom Beet abrechen und zum Kompost-Sammelplatz bringen oder die Wege zwischen den Beeten damit mulchen. Die Beetoberfläche ist unter der Mulchschicht feinkrümelig geworden und soll nun durch Sonne und Wind abgetrocknet und erwärmt werden.

Boden lockern. Aber nicht tiefgrundig, sonst wird die krümelige Oberfläche mit Klumpen aus tieferen Schichten durchsetzt. Bearbeiten Sie nur einen abgetrockneten Boden. Ist er noch naß, bilden sich dabei schnell Verklumpungen.

Unkraut entfernen. Wie im Herbst noch einmal das Beet ausjäten.

Düngen
Zeichnungen 6 und 7
Falls es nicht im Herbst bereits geschehen ist (→ linke Seite). Dazu Nährstoffe ausstreuen und leicht in die Beetoberfläche einharken.

Beetoberfläche glätten
Zeichnung 8
Ziehen Sie dazu den Rechen rücklings übers Beet und sammeln Sie größere Steine ab. Danach ist es fertig zur Aussaat.

Boden schützen
Wer das Beet nicht gleich zum Säen und Pflanzen nutzt, deckt es besser mit einer Mulchfolie ab. Die Alternative: Säen Sie eine schnellwüchsige Gründüngung aus, zum Beispiel Spinat oder Öl-rettich. Sie schützt und verbessert den Boden bis zum Pflanzbeginn.

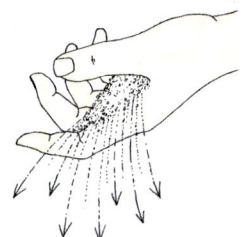

6 *Beete für Starkzehrer erhalten nochmals etwas organischen Volldünger und Kompost.*

7 *Die Nährstoffe mit dem Rechen in die Beetoberfläche einarbeiten.*

8 *Mit dem Rücken des Rechens die Beetoberfläche glätten, danach ist sie zum Aussäen und Einpflanzen bereit.*

Gärtnern

Pflanzen als Bodenverbesserer

Wieso sich selbst abmühen? Bedienen Sie sich doch grüner Helfer, wenn Sie Probleme mit Ihrem Gartenboden haben. Pflanzen können Böden in kurzer Zeit viel besser reparieren, als wir Menschen.

Das Zauberwort heißt Gründüngung – und damit kann der Biogärtner auf preiswerte und mühelose Weise nahezu alle Bodenmängel beheben. Zu tun ist nichts weiter, als bestimmte Pflanzen anzusäen, die mit ihren Wurzeln wie ein grüner Spaten die Erde lockern und sie später mit ihrer Grünmasse bereichern, wenn sie in sie eingearbeitet werden.

Gründüngung ist also kein Düngen im üblichen Sinn, bei dem es darum geht, den Pflanzen Nährstoffe zuzuführen. Vielmehr ist es ein Aktivieren der Bodenorganismen, denen man mit Pflanzenfutter, Luft, Feuchte und Schutz vor Temperaturschwankungen beste Lebensverhältnisse schafft und so die Fruchtbarkeit des Boden fördert.

Darüber hinaus haben Gründüngungspflanzen noch weitere Eigenschaften, die dem Boden zugute kommen.

Eine organische Stickstoffdüngung vollbringen Leguminosen (Hülsenfrüchtler). Sie können mit Hilfe von Bakterien Stickstoff aus der Luft binden und lagern ihn pflanzenverfügbar in Wurzelknöllchen ab. Zu ihnen zählen Lupinen, Klee-Arten, Wicken, Bohnen, Erbsen und Leguminosen-Mischungen wie das »Rotenburger Kombigemenge«.

Bodenverbessernde Eigenschaften haben Kreuzblütler wie Gelbsenf oder Ölrettich. Mit ihren langen Wurzeln lockern sie den Boden tiefgrundig und erschließen aus seiner Tiefe mineralische Nährstoffe. Die Pflanzen nehmen Nährstoffe aus der Tiefe auf und geben sie an den Boden zurück, wenn sie in ihn eingearbeitet werden.

Nematoden (Wurzelälchen) werden vertrieben von Blumen wie Tagetes, Ringelblumen und Blumenmischungen wie »Bodenkur« oder »Gartendoktor«, aber auch durch neuere Sorten des Gelbsenf.

Für gute Bodengare sorgen eigentlich alle Pflanzen, die dicht ausgesät werden und damit die Bodenoberfläche schützen. Dadurch können die Mikroorganismen im Boden ungestört arbeiten und sich reichlich vermehren.

Als Humuslieferanten dienen alle Pflanzen, die den Boden fein durchwurzeln oder reiche Blattmasse bilden. Sie werden abgemäht, zerkleinert in den Boden eingearbeitet und sind bestes Futter für die Mikroorganismen des Bodens, die sie in Humus umsetzen.

Wann ist Gründüngung angebracht?

Sie kann nie schaden, bringt aber in vielen Fällen besonderen Nutzen.
- Bei der Neuanlage eines Gartens, zur Verbesserung des Beetbodens.
- Bei der Umstellung auf naturgemäßes Gärtnern, um das Bodenleben anzuregen.
- Bei verkrusteten Böden, um die Bodengare und den Humusgehalt zu fördern. Dadurch wird der Boden feinkrümelig.
- Bei sandig-leichten Böden, um sie mit organischem Material anzureichern und damit die Humusbildung anzuregen.
- Bei schweren, verdichteten Böden, um sie zu lockern.
- Bei Bodenmüdigkeit, also wenn der Ertrag nachläßt, wenn Schädlinge und Krankheiten sich mehren oder nach jahrelangem Anbau in Monokultur.
- Anstelle einer Mulchschicht, zum Beispiel wenn der Boden längere Zeit unbedeckt wäre, um ihn vor Austrocknen, Verschlämmen oder großen Temperaturschwankungen zu schützen.

Tips zum grünen Düngen

- Wählen Sie immer einjährige Gründüngungspflanzen (→ Tabelle, Seite 59)! Sie werden, wenn sie ihren Zweck erfüllt haben, abgemäht oder nach dem Winter mit dem Rechen abgeräumt. Die Wurzeln bleiben aber im Boden. Bei mehrjährigen Pflanzen besteht die Gefahr, daß sie in folgenden Jahren im bepflanzten Beet austreiben und Sie mühselig jäten müssen.
- Achten Sie bei der Auswahl der Pflanzen darauf, daß sie nicht aus der gleichen Familie, wie die zuvor oder danach angebauten Gemüsepflanzen stammen. Denn auch mit der Gründüngung sollte man der Bodengesundheit zuliebe einen Fruchtwechsel vornehmen. Besonders wichtig ist dies bei Kreuzblütlern (→ Seite 18) wie Ölrettich und Gelbsenf.
- Gelbsenf ist eine schnellwüchsige Gründüngung, die gut als Vorkultur geeignet ist. Wählen Sie jedoch immer neuere Sorten, die – im Gegensatz zu älteren – Nematoden (Wurzelälchen) vertreiben.
- Überdüngte Böden lassen sich regenerieren durch den Anbau von Sonnenblumen. Diese Starkzehrer entziehen vor allem durch Blüten- und Fruchtbildung dem Boden hohe Nährstoffmengen.

Beliebte Gründüngungspflanzen und ihre Wirkung

	Boden	Wirkung	Verwendung
Buchweizen	leicht	Dichte Wurzeln, schnellwüchsig, gut bodendeckend	Vorkultur
Gelbe Lupine	leicht	Stickstoffsammler, Tiefwurzler (bis 150 cm), wächst langsam	Vorkultur, auch ganzjährig
»Grünhumus«	leicht/ mittel	Mischung einjähriger Lupinen, Stickstoffsammler, Tiefwurzler, viel Grünmasse	Nachkultur
Spinat	mittel	Reiches Wurzelwerk, verbessert Oberboden. Gemüse!	Vorkultur, Nach-, Zwischenkultur
Blaue Lupine	mittel	Stickstoffsammler, Tiefwurzler (bis 150 cm), schnellwüchsig. Bester Bodenaufschließer	Vorkultur, ganz-jährig
Kapuzinerkresse	mittel	Dichtes Wurzelwerk, gut bodendeckend. Wehrt Blutläuse ab	Untersaat, ganz-jährig
Inkarnatklee	mittel/ schwer	Stickstoffsammler, Tiefwurzler (bis 65 cm), gut bodendeckend, viel Grünmasse	Nach-, Zwischen-kultur, Untersaat
»Rotenburger Kombigemenge«	mittel/ schwer	Leguminosen-Mischung (Lupinen, Wicken, Futter-erbsen), Stickstoffsammler, Tiefwurzler	Vor-, Nachkultur
Ackerbohne	schwer	Stickstoffsammler, Tiefwurzler	Vorkultur
Weiße Lupine	schwer	Stickstoffsammler, Tiefwurzler. Gut gegen Boden-müdigkeit	Vorkultur, auch ganzjährig
»Grünaktiv«	schwer	Mischung (Ölrettich, Lupinen, Wicken, Acker-bohnen), Tiefwurzler, Stickstoffsammler	Vor-, Nachkultur, auch ganzjährig
Ölrettich	alle Böden	Tiefwurzler, schnellwüchsig, gut bodendeckend	Vorkultur
Phacelia, Bienenfreund	alle Böden	Dichtes Wurzelwerk, viel Grünmasse. Bienenweide, nicht abmähen. Gut gegen Bodenmüdigkeit	Vorkultur, auch ganzjährig
Sonnenblume	alle Böden	Dichtes Wurzelwerk, gute Bodengare. Auf über-düngten Böden blühen lassen (Starkzehrer)	Vorkultur, auch ganzjährig
Ringelblume	alle Böden	Dichtes Wurzelwerk, gute Bodengare. Wirkt gegen Bodenälchen (Nematoden)	Vorkultur, Unter-saat, ganzjährig
Feldsalat	alle Böden	Dichtes Wurzelwerk, gute Bodengare. Gemüse	Nachkultur

Gärtnern

Gründüngung heißt Schichtwechsel

Gönnen Sie Ihrem Boden zwischendurch eine Verschnaufpause, in der er nicht den ständigen Eingriffen des Säens, Pflanzens und Erntens ausgesetzt ist und in der ihm andere Pflanzen als sonst andere Nährstoffe abverlangen und andere Stoffwechselprodukte zurückerstatten. Gründüngung läßt sich auf vielfältige Weise anwenden:

Als Nachkultur: Sie beginnen im August mit der Aussaat der Gründüngung, wenn die Beete bereits abgeerntet sind. Vorteil: Die Gründüngung ist Bodenkur und Bodenpflege in einem, sie müssen keine weitere Bodenbearbeitung im Herbst mehr vornehmen.

• Günstige Pflanzen: »Rotenburger Kombigemenge«, Ölrettich, Bitterlupinen, Inkarntklee, »Grünhumus« (für leichte/mittlere Böden), »Grünaktiv« (für schwere Böden).

Als Vorkultur: Im Frühling wird ausgesät, ab Juni ist diese Kur beendet. Sie können dann immer noch jedes gewünschte Gemüse anbauen.

• Günstige Pflanzen: Ackerbohnen, Spinat, Feldsalat, Erbsen, Gelbsenf, Lupinen, Phacelia.

Als Zwischenkultur: Man sät die Gründüngung auf freie Beetflächen und mäht die Pflanzen ab, sobald man die Beete wieder braucht.

• Geeignete Pflanzen: Vor allem schnellwüchsige wie Spinat, Gelbsenf, Inkarntklee oder die Gründüngungs-Mischung »Schnellgrüner«.

Als Untersaat: Dabei erfolgt Anbau und Gründüngung gleichzeitig. Man sät die Bodenkur unter Obstbäume und Beerensträucher.

• Geeignete Pflanzen: Kleearten als Stickstoffsammler, Kapuzinerkresse (hält Blutläuse fern), Tagetes, Ringelblumen, Mischung »Gartendoktor« gegen Nematoden, Phacelia regt die Bestäubung der Obstgehölze an (ist gute Bieneweide).

Als ganzjährige Bodenkur: Hier läßt man die Pflanzen eine ganze Wachstumsperiode auf dem Beet. Wichtig ist dies bei der Umstellung, wenn der Boden biologisch aufgebaut werden soll, wenn sich Bodenmüdigkeit anzeigt, Schädlinge und Krankheiten zunehmen oder wenn sich bei einer Bodenprobe eine Überdüngung des Bodens herausgestellt hat.

• Geeignete Pflanzen: Sonnenblumen gegen Überdüngung, Ringelblumen, Tagetes, Phacelia, Mischung »Gartendoktor«, Lupinen, Kapuzinerkresse, Frühkartoffeln.

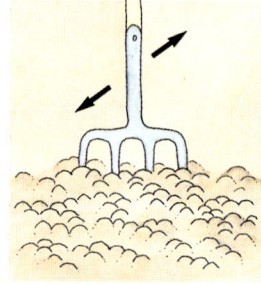

1 Gründüngung im Spätsommer. Boden lockern und Unkraut entfernen.

2 Nach dem Düngen Samen breitwürfig ausstreuen und einrechen.

Die Nachkultur – Schritt für Schritt

Zeichnungen 1 bis 4
Beginnen Sie spätestens Ende August.

• Das Beet wird mit der Grabgabel oder dem Sauzahn (→ Seite 54) tiefgrundig gelockert und wie bei der Herbstbearbeitung von Unkraut befreit.

• Organischen Volldünger ausstreuen, unterrechen (etwa 50 g pro m²).

• Beet glätten, indem Sie mit dem Rücken des Rechens über die Beetoberfläche fahren.

• Gründüngungssamen breitwürfig ausstreuen, dabei nicht die gelockerten Beete betreten.

• Samen einrechen, Angießen ist nur bei Trockenheit nötig.

• Pflanzen wachsen und abfrieren lassen. Sie bleiben auf dem Beet, das als zusätzlichen Winterschutz eine dicke Abdeckung aus Laub oder Stroh erhält.

3 Gründüngung als Winterschutz auf dem Beet lassen.

4 Im Frühjahr erfrorene Pflanzenreste abrechen und kompostieren.

Maßnahmen im Frühjahr
Im Frühjahr die erfrorenen Pflanzenreste abrechen. Der Boden darunter ist krümelig und sollte einige Tage lang abtrocknen können, bevor Sie weiterarbeiten.
Gründünger-Reste zur Kompost-Sammelstelle bringen.
• Beet mit Sauzahn oder Grubber lockern. Dabei die Wurzeln der Gründüngungspflanzen in der Erde belassen.
• Steinmehl und reifen Kompost ausstreuen (oder organischen Volldünger, etwa 50 g pro m^2), alles leicht einrechen. Anschließend die Beetoberfläche mit dem Rücken des Rechens glätten.

Die Vorkultur – Schritt für Schritt
Zeichnungen 5 bis 8
Auch vor dem Start ins Gartenjahr können Sie Ihrem Boden eine schnelle Aufbaukur verordnen.
• Boden im Herbst auf den Winter vorbereiten (→ Seite 54).
• Im März Mulchschicht vom Beet rechen und es einige Tage lang abtrocknen lassen.
• Boden mit dem Sauzahn lockern.
• Samen breitwürfig ausstreuen und einrechen.
• Beet zum Schutz vor Frost mit einer Loch- oder Schlitzfolie oder einem Folientunnel überspannen.

• Niedere Gründüngungspflanzen wie Feldsalat oder Spinat werden beim Ernten abgeschnitten, die Wurzeln bleiben im Boden. Was Sie nicht in der Küche verwerten, wird mit dem Grubber ins Beet eingearbeitet.
• Hohe Gründüngungspflanzen mit viel Grünmasse spätestens im Mai abmähen, vom Beet rechen, mit einem Handbeil gut zerkleinern und in den Boden einarbeiten. Kommen zu große Pflanzenteile in den Boden, besteht die Gefahr, daß sie verfaulen. Alles, was Sie nicht ins Beet einarbeiten, können Sie auch zum Kompostieren oder Mulchen verwenden.

Bodenkur mit bunten Blumen
Wer sich für diese hübsche Alternative entscheidet, muß allerdings in Kauf nehmen, daß die betroffenen Beete ein Jahr lang nur für Blumen reserviert sind. Die Blumen im Frühjahr dicht ins gelockerte Beet säen und dort bis zum Herbst – auch wenn sie bereits vorher verblüht sind – belassen. Der Boden ist darunter herrlich locker und krümelig, er wird den Winter über nur noch mit Stroh oder Laub abgedeckt.

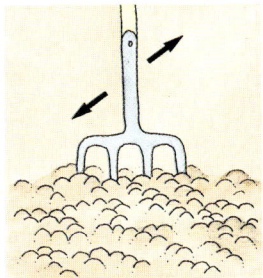

5 Gründüngung im Frühling. Boden tiefgründig lockern.

6 Samen breitwürfig ausstreuen und in den Boden einrechen.

Kartoffeln als Bodenmedizin
Auch Kartoffeln verbessern den Boden ganz erstaunlich mit ihrem dichten Laub und den feinen Wurzeln.
Boden tief lockern und Kompost zugeben. Anfang Mai die Spätkartoffeln legen. Im Oktober können Sie ernten und haben einen feinkrümeligen Boden gewonnen.

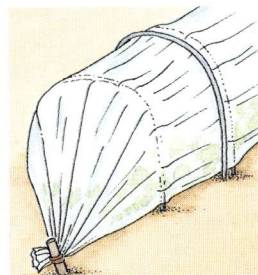

7 Aussaat vor Frost schützen, zum Beispiel mit einem Folientunnel.

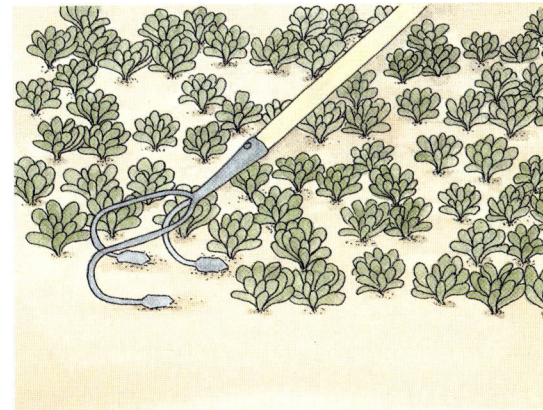

8 Niedere Gründüngungspflanzen wie Feldsalat oder Spinat beim Ernten abschneiden, den Rest mit dem Grubber ins Beet einarbeiten.

Gärtnern

Worauf's beim Samenkauf ankommt

Jeder Samen – und sei er noch so winzig – ist ein Mikrokosmos, eine kleine Welt für sich. Ausgerüstet mit allen Eigenschaften der jeweiligen Pflanze und einem Proviantpaket für die erste Keimzeit, ist der Winzling oft erstaunlich lange lebendig.

Saatgut gibt es in unterschiedlicher Qualität. Gesunde, kräftige Pflanzen entwickeln sich nur aus einwandfreiem Samen. Greifen Sie deshalb besser nicht zur nächstbesten Samentüte, sondern schauen Sie genauer hin.

Folgendes ist zu beachten:

Saatgut mit Qualität trägt meist folgende Angaben auf dem Tütchen:
• Art- und Sorten-Name,
• Angaben zur Aussaat: Aussaat-Zeit, Saattiefe, Reihen- und Pflanzenabstand,
• Pflegetips,
• Kulturzeit,
• Verpackungsdatum; wichtig, denn daran können Sie erkennen, wie »alt« der Samen ist.

Standardsaatgut ist mit »St« gekennzeichnet oder als »Standardsaatgut« benannt, es erfüllt EG-Normen.

Kalibriertes Saatgut besteht aus Samen, die nach einheitlicher Größe sortiert sind. Es ist teurer und bewährt sich vor allem im Erwerbsgartenbau.

Samen von F_1-Hybriden garantieren besonders hochwertige Pflanzen. Für eine eigene Aussaat lohnt es sich nicht, Samen zu gewinnen, denn die guten Eigenschaften der Pflanzen werden erblich nicht unbedingt weitergegeben.

In Keimschutzpackungen, in denen die Samen luftdicht und lichtgeschützt sind, bleiben sie länger keimfähig als in Papiertüten.

Biologische, gebeizte oder ungebeizte Sämereien?

So mancher Einsteiger ins Biogärtnern hat sich bisher über diese Unterscheidung noch keine Gedanken gemacht. Doch wer naturgemäß gärtnert, sollte schon darüber Bescheid wissen.

Biologisches Saatgut wird von Heil- und Wildkräutern, in zunehmendem Maß auch von Gemüse angeboten. Es stammt von Pflanzen, die naturgemäß angebaut wurden und ist dementsprechend teurer.

Gebeiztes Saatgut hat eine chemische Behandlung hinter sich, die Krankheitskeime abtötet. Diese Samen haben meist einen roten Aufdruck auf der Verpackung. Im Biogarten sollte man darauf verzichten.

Biologisch gebeizte Samen dagegen sind unbedenklich. Sie sind inzwischen im Fachhandel erhältlich.

Ungebeiztes Saatgut gibt es zu kaufen. Es hat den Vorteil, daß Sie es selbst biologisch beizen können (Anleitung und Rezepte fürs Beizen, → Seite 65).

Wie lange sind Samen keimfähig?

Saatgut sollte immer kühl und trocken gelagert werden.

Die Haltbarkeit von Samen ist unterschiedlich. Sie beträgt im Durchschnitt 2 bis 4 Jahre, die Samen von Schnittlauch, Kerbel und Schwarzwurzeln sind jedoch nur 1 Jahr keimfähig.

Lassen Sie Gemüsesamen aber nicht zu alt werden. Vor allem bei Samen aus angebrochenen Keimschutzpackungen ist die angegebene Keimfähigkeitsdauer nicht mehr garantiert.

Mein Tip: Wer größere Mengen von Saatgut liegen hat, macht zur Sicherheit vor dem Aussäen einen Keimtest.

Die Keimprobe

Abhängig von der Samengröße gibt es zwei unterschiedliche Tests:

Großen Samen testen
Zum Testen großer Samen wie Bohnen, Erbsen, Gurken, Kürbis, Mais füllt man eine flache Schüssel mit Sand oder Sägespänen. Drücken Sie 30 bis 50 Samenkörner hinein und feuchten Sie alles gut an.

Damit die Feuchtigkeit erhalten bleibt, decken Sie die Aussaat am besten mit einer durchsichtigen Plastiktüte oder Glasplatte ab. Die Schüssel bei Zimmertemperatur hell aufstellen.

Feine Samen testen
Legen Sie ein angefeuchtetes Löschblatt auf einen Teller und breiten Sie eine abgezählte Anzahl von Samen darauf aus. Das Ganze wird mit einer Glasplatte oder einer durchsichtigen Plastikfolie abgedeckt und hell und warm aufgestellt.

Bewertung des Testergebnisses
• Sind nur etwa 50% der Samen aufgegangen, so sollten Sie besser neues Saatgut kaufen.
• Keimen etwa 75% oder mehr, so können Sie den Samen verwenden. Säen Sie dann einfach dichter aus.

Alte, englische Bleichgefäße (»forcers«) für Meerkohl inmitten zarter Kohlblüten.

Samen speziell »verpackt«

Die Größenunterschiede bei Gemüse- und Blumensamen sind recht beachtlich und reichen von hauchfeiner »Staubgröße« bis hin zu etwa 2 cm großen Bohnenkernen. Um das Säen zu erleichtern, werden vor allem feine Samen in speziellen Formen angeboten:

In Pillenform sind vor allem kleine, unregelmäßige Samen erhältlich. Sie sind mit einer keimfördernden, löslichen Hülle umgeben, die sie größer macht, so daß beim Säen die Abstände zwischen den Samen besser eingehalten werden können. Sobald diese Samen in feuchter Erde sind, löst sich die Umhüllung auf. Noch ein Vorteil: Pillensamen lassen sich auch mit Saatrollern aussäen, was bei feinem Saatgut sonst nicht möglich ist.

Samensticks sind Kartonschildchen, an denen 1 bis 2 Samenkörner haften. Man kann anhand der aus der Erde ragenden Schildchen genau erkennen, wo gesät wurde. Günstig ist diese Samenform auch für Mischkultur, weil man genau die Pflanzabstände erkennen kann.

Saatbänder haben den Vorteil, daß die Saatkörner bereits im optimalen Pflanzabstand aufgereiht sind. Das Band mit der richtigen Seite nach unten in die Saatrille legen. Vor und nach dem Bedecken mit Erde muß es weich, aber gründlich angegossen werden, damit zwischen Boden und Saatband ein enger Kontakt entsteht. Das Papier verrottet nach einiger Zeit und behindert die Keimlinge nicht in ihrer Entwicklung.

Die richtigen Bedingungen fürs Keimen

Wer Samen einfach aussät und darauf wartet, daß sie keimen, kann enttäuscht werden. In diesem Fall hat man den Samen die falschen Aussaatbedingungen geboten, denn diese sind recht unterschiedlich. Der Startschuß fürs Keimen kommt nämlich von außen, das bedeutet, Samen brauchen zum Beispiel bestimmte Licht- und Temperaturverhältnisse sowie einen gewissen Feuchtigkeitsgrad. All diese Kriterien gilt es zu beachten, wenn der Gartenerfolg sich einstellen soll. Man unterscheidet ihren Ansprüchen entsprechend folgende Gruppen:

Dunkelkeimer: Die Mehrzahl der Pflanzen zählt dazu. Diese Samen wollen je nach Art in recht unterschiedlicher Höhe mit Erde bedeckt sein (Angaben zur Saattiefe stehen auf den Samenpackungen).

Lichtkeimer: Zu ihnen zählen Sellerie und Endivie, zahlreiche Kräuter wie Basilikum, Bohnenkraut, Kresse, Majoran und Portulak sowie eine Reihe von Gartenblumen wie Glockenblumen, Fingerhut und Rudbeckien. Lichtkeimer brauchen zwar den Kontakt zur Erde, keimen aber nur optimal, wenn sie nicht damit bedeckt sind. Man drückt sie deshalb nur leicht mit einem Brett in den Boden.

Kaltkeimer: Dazu gehören vor allem Gartenblumen wie Christrosen, Iris oder Phlox sowie Hochgebirgspflanzen wie Alpenprimel, Winterling und Enzian. Ihre Samen brauchen einige Wochen lang Kälte von etwa 0 bis 5 °C, manche sogar Frost. Erst nach dieser Kältephase erhalten sie ihr eingebautes Signal zum Keimen. Fehlen niedere Temperaturen, beginnen sie erst gar nicht damit. Diese Samen muß man im Herbst in flache frostfeste Gefäße legen und dem Winter überlassen. Im Frühjahr können sie dann wie jeder andere Samen ausgesät werden. Erst dann beginnen sie zu keimen.

Unterschiedliche Keimzeiten

Auch das sollte der Biogärtner wissen: Samen keimen unterschiedlich schnell.

• Die meisten Gemüse-Arten und Kräuter keimen rasch, das heißt in einem Zeitraum von 3 bis 14 Tagen zeigen sie ihre Keimblättchen.

• Einige Samen haben es jedoch gar nicht eilig und schieben frühestens nach 14 Tagen, meist jedoch noch später, ihre ersten Keimblättchen aus der Erde. Man nennt sie deshalb auch Schwerkeimer. Zu ihnen zählen Bohnenkraut, Knollenfenchel, Knollensellerie, Mangold, Möhren, Neuseeländer Spinat, Pastinaken, Petersilie, Porree und Zwiebeln.

Samentip: Vorquellen

Große Samen wie die von Bohnen, Erbsen, Mangold, Zucchini oder Kürbissen keimen zuverlässiger, wenn man sie vor dem Säen etwa 12 Stunden lang in Wasser quellen läßt. Danach sollen die Samen nicht mehr trocknen, sie werden naß ausgesät.

Kartoffeltip: Vorkeimen

Dieses Verfahren beschleunigt das Wachstum von Frühkartoffeln. Im März die Kartoffeln in ein Kistchen mit einem Kompost-Sand-Gemisch legen, so daß von jeder Knolle die Seite mit den meisten Augen nach oben zeigt. Hell bei etwa 15 °C aufstellen. Es bilden sich oben kräftige Triebspitzen, im Substrat feine Wurzeln. Anfang April können die Kartoffeln ausgepflanzt werden.

Tips rund ums Aussäen

Markiersaat: Mit diesem Trick behelfen sich viele Gärtner, um langsam keimende Reihen-Saaten (wie Möhren, Petersilie oder Zwiebeln) auf dem Beet sichtbar zu machen. Dazu mischt man unter das Saatgut einige Samen von Radieschen, die schnell keimen und damit auf dem Beet die Saatreihe markieren.

Kleistersaat: Ein hilfreicher Kniff, um sehr feine Samen gleichmäßig in Reihen auszusäen. Dazu etwas Tapetenkleister mit Wasser anrühren und eine halbe Stunde quellen lassen. Nun den Brei so verdünnen, daß er sich sämig ausgießen läßt. Den Samen einrühren und dünn in die Saatrillen gießen. Der Kleister behindert das Keimen nicht.

Samen selbst gewinnen

Wer einmal die Anfangshürden des Biogärtnerns gemeistert hat, gewinnt schnell Lust am Experimentieren im eigenen Garten. Dazu gehört bei vielen der Wunsch, Selbstversorger in Sachen Samen zu werden. Hat man doch damit gleichzeitig die Garantie, Saatgut aus rein naturgemäß gezogenen Pflanzen zu erhalten. Dies ist vor allem bei Gemüsepflanzen wichtig, an denen sich wohl jeder möglichst wenig chemische Zusatzstoffe wünscht.

Bohnen- und Erbsensamen
Aus reifen Schoten der Bohnen und Erbsen sind Samen leicht zu gewinnen. Lassen Sie etliche Schoten so lange hängen, bis sie fast ledrig geworden und die Bohnenkerne nahezu am Herausfallen sind, dann die Kerne herausnehmen, waschen und trocknen, in einem abgetönten Schraubglas bis zum nächsten Frühjahr aufbewahren. Beschriften nicht vergessen!

Samen von Kopf- und Eissalat
Wie Bohnen und Erbsen sind Kopf- und Eissalat einjährige Pflanzen, das heißt, sie blühen und fruchten in einer Wachstumsperiode. Markieren Sie zur Sicherheit immer mehrere der kräftigsten Köpfe. Den Salat in der nächsten Nachbarschaft möglichst ernten, damit der Samenträger beim Blühen rundum mindestens 50 cm Platz hat. Zeigt sich der Blütenstand über dem Kopf, ist folgendes zu tun:
• Alle Blätter entfernen.
• Das »Blütenbäumchen« mit einem Stab abstützen.
• Vor Regen schützen, zum Beispiel durch ein Foliendach oder eine Überbauung, denn die Blüte ist sehr regenempfindlich.
• Reichlich gießen.
• Die Pflanze abschneiden, sobald sie über und über mit weißen Blütchen übersät ist.
• Abgeschnittene Pflanze behutsam in eine Schüssel legen, warm und trocken nachreifen lassen.
• Im Spätherbst oder Frühwinter, wenn die Pflanze gut getrocknet ist, die Samen in eine Wanne schütteln, den Rest zwischen den Fingern zerreiben. Anschließend Samen säubern und richtig lagern.

Tomatensamen
Lassen Sie Tomaten ganz ausreifen, dann die Frucht aufschneiden und die Samen in ein Glas Wasser geben. Einige Tage warm stehen lassen und öfters umrühren. Erst wenn sich die gallertartige Masse um die Samen herum abgebaut hat, sind sie keimfähig. Nun die Samen in einem Sieb durchspülen und auf Fließpapier trocknen.

Samen selber beizen

Ungebeiztes Saatgut, das Sie selber beizen, gibt Ihnen die Gewähr, daß mit dem Samen keinerlei giftige Stoffe in den Boden gelangen.
Für das Beizen gibt es mehrere gute Gründe:
Es desinfiziert das Saatgut: Auf Samen und im Boden sind immer Pilzsporen und Schädlinge vorhanden. Im feuchten Boden beginnen sie zu keimen und können die jungen Sämlinge befallen. Besonders anfällig sind Gemüse-Arten mit langer Keimzeit und früher Aussaat wie Erbsen, Gurken, Möhren, Petersilie.
Kann Keimen fördern: Einige Beizen bringen die Keimung schneller in Gang.
Hilft gegen Vogelfraß: In Wermuttee gebeizter Erbsensamen schmeckt angeblich Vögeln nicht und verhindert das Aufpicken.

Baldrianblütentee
Geeignet für alle Zwiebelgewächse (wie Lauch, Schnittlauch, Knoblauch und Zwiebeln), für Kartoffeln, Sellerie und Tomaten.
Das Rezept: 1 bis 2 Teelöffel Baldrianblütenextrakt (aus der Apotheke) mit 1 Liter Wasser vermengen. 24 Stunden stehenlassen und gelegentlich umrühren. Samen in einem Stoffbeutel etwa 15 Minuten hineinhängen. Anschließend auf einem saugfähigen Papier trocknen lassen und gleich aussäen.

Kamillentee/Kamillenextrakt
Geeignet für alle Salatsamen, für Bohnen, Erbsen, Kohlarten, Radieschen und Rettiche.
Das Rezept: Kamillentee kochen und abkühlen lassen. Die Samen 15 Minuten darin »baden«.
Das Rezept für einen Kamillenextrakt:
2 Teelöffel Kamillenblüten auf 1 Liter Wasser geben und 2 Tage zugedeckt stehen lassen. Gelegentlich umrühren.Nach dem Beizen Samen auf saugfähigem Papier trocknen lassen und gleich aussäen.

Eichenrinden-Beize
Geeignet für alle Salatsamen.
Das Rezept: 1 bis 2 Teelöffel Eichenrinde in 1 Liter Wasser 2 Tage ziehen lassen. Samen darin 15 Minuten beizen, trocknen lassen und aussäen.

Spezielle Tips fürs Samen gewinnen
• F_1-Hybriden sind nicht zur Samengewinnung geeignet, weil ihre »Nachkommen« ganz uneinheitlich werden, viele sind überhaupt nicht fruchtbar.
• Vorsicht mit fremdbefruchtenden Gemüsearten. Sie vermischen sich untereinander, so zum Beispiel alle Kohlgewächse, alle Zwiebelarten, alle Kürbisgewächse. Es mischen sich aber auch Rettich mit Radieschen, Mangold mit Rote Bete, Stangen- mit Knollensellerie.
• Wer Samen von zweijährigen Gemüsepflanzen will, kann diese erst nach der Überwinterung gewinnen. Bei frostempfindlichen Pflanzen ist dies sehr aufwendig, weil sie ausgegraben und frostfrei überwintert werden müssen.

Gärtnern

Vorkultur oder Direkt-aussaat?

Viele Pflanzen keimen bei Temperaturen zwischen 18 und 22 °C, also bei Wärmegraden, die in unseren Breiten gewöhnlich erst im Juni erreicht werden. Würde man sie zu dieser Zeit ins Beet säen, könnte man vielleicht im Herbst ihre Blüten genießen, auf eine Ernte müßte man bei den mei-

sten verzichten. Hohe Keimtemperaturen und lange Kulturzeiten sind also der Grund, weshalb viele Gemüse-Arten und Gartenblumen vorgezogen werden müssen.

Wissenswertes über die Anzucht

Die wichtigsten Gemüse-Arten, die Sie nicht direkt ins Beet aussäen sollten, sondern vorziehen (oder

als Jungpflanzen kaufen) müssen, sind:
• Fruchtgemüse wie Tomaten, Zucchini, Gurken, Kürbis und Paprika.
• Blattgemüse wie Kopfsalat, Eissalat, Schnitt- und Pflücksalate.
• Kohlgemüse wie Kohlrabi, Brokkoli, Blumen-, Rot-, Weißkohl, Wirsing.
• Lauch, Saatzwiebeln.
• Knollengemüse wie Knollen-, Staudensellerie.

Die ideale Anzuchtstätte sind beheizbare Kleingewächs-, Glas- oder Folienhäuser, weil darin gleichmäßig warme Temperaturen und viel Licht das Keimen fördern. Das warme, helle Fensterbrett ist problematisch. Um zu verhindern, daß dort die Keimlinge plötzlich zugrundegehen oder vergeilen, muß man folgendes nach Möglichkeit vermeiden: wechselnde Temperaturen durchs Lüften, warme, trockene Heizungsluft und Lichtmangel.

So funktioniert die Anzucht

Achten Sie auf die »Keimprogramme«; es gibt Licht- und Dunkelkeimer (→ Seite 64).

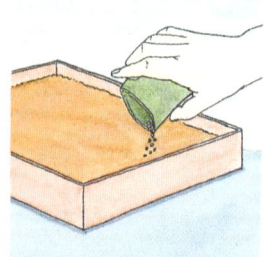

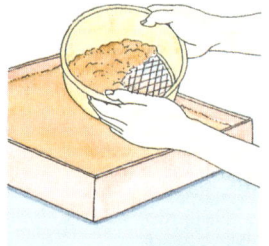

1 Vorkultur im Warmen. Aussaaterde in Gefäß sieben und Samen gleichmäßig ausstreuen.

2 Samen mit Aussaaterde übersieben, weich angießen und mit Glasplatte abdecken.

3 Sobald sich nach den Keimblättern die zweiten Blattpaare bilden, Pflanzen einzeln pikieren.

Der optimale Zeitpunkt für die Anzucht im Warmen ist Anfang März, weil dann die Lichtintensität allmählich stark genug ist, damit sich kräftige Jungpflanzen entwickeln können.
Das richtige Substrat fürs Aussäen kann sich jeder selbst mischen: Reifen Kompost (→ Seite 84) durchsieben und mit grobem Sand, feinem Blähton oder Bimskies versetzen.
Die Alternative: Aussaaterde aus dem Fachhandel.

Aussäen
Zeichnungen 1 und 2
• Substrat in ein Anzuchtgefäß sieben. Samen gleichmäßig ausstreuen.
• Weiteres Aussaatsubstrat darüber sieben.
• Lichtkeimer wie Sellerie oder Endiviensalat nicht mit Erde bedecken, nur leicht andrücken.
• Aussaat weich angießen oder besprühen.
Hinweis: Falls die Anzucht im trocken-warmen Zimmer geschieht, Aussaatschale mit durchsichtigem Deckel oder Glasplatte abdecken, um die Feuchtigkeit zu halten. Gelegentlich lüften.

4 Torfpreßtöpfe mit Anzuchtsubstrat füllen, Loch vorbohren, Pflanzen einsetzen und andrücken.

Pikieren
Zeichnungen 3 und 4
Sobald sich nach den Keimblättern das erste individuelle Blattpaar zeigt, werden die Jungpflänzchen mit dem schlanken Ende des Pikierstabs vorsichtig aus der Erde geholt und einzeln in kleine Töpfe pikiert.

Torfpreßtöpfe oder -paletten haben sich zum Pikieren sehr bewährt. Die Jungpflanzen durchwurzeln sie allmählich und können darin später ins Beet gepflanzt werden. Die Gefäße mit einer gesiebten Mischung aus Erde und Kompost füllen. Dann bohrt man mit dem dicken Ende des Pikierstabs ein Loch vor, setzt die Pflanzen ein und drückt sie leicht fest. Stets gut feucht halten.

Gartenblumen vorziehen?
Bei Gartenblumen gibt es Licht- und Dunkelkeimer, achten Sie beim Aussäen darauf (→ Seite 64).

Einjahresblumen werden mit Ausnahme von Goldmohn, Kapuzinerkresse, Kornblumen, Kosmeen, Lupinen, Ringelblumen, Sonnenblumen und Wicken im Warmen vorkultiviert und später ausgepflanzt.

Zweijährige Blumen braucht man nicht vorzuziehen. Man sät sie im Frühsommer ins Beet und pflanzt sie im Herbst an den gewünschten Platz aus, wo sie im folgenden Jahr dann blühen.

Stauden haben oft eine sehr lange Anzuchtzeit, bis sie zum Blühen kommen. Kaufen Sie deshalb besser Jungpflanzen.

Direktaussaat ins Freie
Ins Beet an Ort und Stelle können Sie aussäen
• Wurzel- und Knollengemüse wie Radieschen, Rettiche, Möhren, Schwarzwurzeln, Rote Bete und Knollenfenchel.
• Rosen- und Grünkohl.
• Hülsenfrüchte wie Bohnen und Erbsen.
• Blattgemüse wie Spinat, Mangold und Feldsalat.

Tips zur Aussaat: Auf den Samentüten stehen wichtige Informationen, die Sie vor dem Aussäen lesen sollten. Wichtig sind vor allem die Angaben zu:

Aussaatzeiten: Manche Gemüse-Arten sind frostempfindlich und dürfen erst nach den Eisheiligen ausgesät werden.

Abstände: Halten Sie bereits beim Säen die nötigen Abstände der Pflanzen zueinander ein. Bedenken Sie ebenso die Reihenabstände, die die Gemüse-Arten brauchen, um sich kräftig zu entwickeln.

Saattiefe: Für die meisten Gemüse-Arten liegt sie bei 2 bis 5 cm.

Mein Tip: Wer in Mischkultur anbauen möchte, sollte auch den Platzbedarf der Nachbarn einkalkulieren.

Aussaat-Methoden
Hier die verschiedenen Aussaat-Methoden, mit denen der Biogärtner es regelmäßig zu tun hat.

Reihensaat
Zeichnung 5
Es ist die häufigste Methode, die sich gut mit Reihen-Mischkultur verbinden läßt und für alle Gemüse geeignet ist. Spannen Sie eine Pflanzschnur und ziehen Sie an ihr entlang eine etwa 3 cm tiefe Rille. Die Samen im richtigen Abstand zueinander hineinlegen, mit Erde bedecken und alles leicht andrücken. Anschließend weich angießen.

Flächensaat
Zeichnung 6
Sie wird immer bei Gründüngung (→ Seite 58 bis 61) gemacht, gelegentlich auch mit Spinat und Feldsalat. Dazu streut man die Samen breitwürfig und möglichst gleichmäßig aus, recht sie ein und gießt das Ganze weich an.

Horstsaat
Zeichnung 7
So nennt man die Aussaat von Bohnen und Erbsen in Gruppen, zum Beispiel um Halterungen herum. Dabei bohrt man um die Stütze 5 bis 8 Löcher im richtigen Pflanzabstand und legt die Körner hinein. Anschließend Erde darübergeben, leicht andrücken, gut angießen.

5 _Reihensaat._ 3 cm tiefe Rillen ziehen und Samen einlegen.

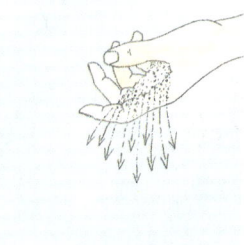

6 _Flächensaat._ Samen breitwürfig und gleichmäßig ausstreuen, dann ins Beet einrechen.

7 _Horstsaat._ Um Halterung herum gleichmäßig Pflanzlöcher vorbohren, Bohnen oder Erbsen einlegen, mit Erde bedecken, andrücken und angießen.

Gärtnern

Obstbäume einpflanzen
Nachdem man sich für Sorte und Baumgröße entschieden hat (→ Seite 36), kann man in Baumschulen wählen zwischen:
• Wurzelware, mit blanken Wurzeln ohne Wurzelballen und Feinwurzeln,
• Ballenware mit einem Wurzelballen, der von einem Sacktuch zusammengehalten wird,
• Containerware, mit Wurzelballen.
Die richtige Pflanzzeit für Wurzel- und Ballenware ist im September/Oktober oder im März. Containerpflanzen können rund ums Jahr gepflanzt werden.
Bei der Standortwahl sollten Sie unbedingt den Kronendurchmesser (→ Seite 37) des ausgewachsenen Baumes berücksichtigen und gut die Hälfte davon Abstand vom Nachbargrundstück halten, damit Fallobst und Laub später nicht zum Streitfall werden.
Der Pflanzschnitt wird, egal, wann Sie einpflanzen, im Frühjahr vorgenommen. Man schneidet dabei die wichtigen Seitenäste (die sogenannten Leittriebe, die später die Krone aufbauen sollen) so, daß ihre obersten Triebknospen auf einer Höhe liegen und nach außen zeigen. Der Haupttrieb (die Stammverlängerung) sollte sie um etwa 20 cm überragen.

Mein Tip: Man kann den Pflanzschnitt auch in der Baumschule vom Fachmann ausführen lassen.

So wird eingepflanzt
Zeichnungen 1 bis 4
Bäume mit blanken Wurzeln einige Stunden lang wässern, dann beschädigte Wurzeln schräg nach unten abschneiden.
Das Pflanzloch: Ein Loch von 1,5 m Durchmesser und etwa 50 cm Tiefe ausheben. Erdreich nach Schichten getrennt daneben aufhäufen.
Grubensohle mit Grabgabel lockern, 2 Hand voll Steinmehl und etwas reifen Kompost in die Erde mischen.
Haltepfahl so einschlagen, daß er 1 Handbreit unter der späteren Kronenhöhe endet. Ausnahme: Bei Spindel- und Buschbäu-

men soll er in die Krone hineinreichen.
Einpflanzen (→ Zeichnung 2): Baum in die Pflanzgrube so tief hineinhalten, daß die Veredelungsstelle gut 1 Handbreit über dem Bodenniveau liegt. Bei Ballenware Sacktuch aufknüpfen.
Ausgehobene Erde mit Kompost vermischen und Schicht für Schicht auffüllen. Wurzelware mehrmals leicht anheben und senken, damit sich die Erde gut zwischen den Wurzeln verteilt. Bei Ballen- und Containerpflanzen ist dies nicht nötig.
Die Pflanzstelle (→ Zeichnungen 3/4): Erde behutsam festtreten und dabei einen Gießrand um die Pflanzstelle anlegen. Gründlich angießen, damit die Erde eng an die Wurzeln geschlämmt wird.

Bäumchen locker mit einer Achterschlinge am Haltepfahl festbinden. Nehmen Sie dazu Kokosfasern oder schaumstoffummantelte Baumanbinder (alles im Fachhandel). Abschließend die Pflanzstelle mit Stroh- oder Grasschicht bedecken, damit der Boden darunter feucht und locker bleibt.

Beerensträucher einpflanzen
Beerensträucher sind Individualisten und haben beim Einpflanzen recht unterschiedliche Wünsche.
Die richtige Pflanzzeit ist im gemäßigten Klima September, in Regionen mit sehr kaltem Winter der März. Die kälteempfindlichen Brombeeren kommen erst im Mai in den Boden.

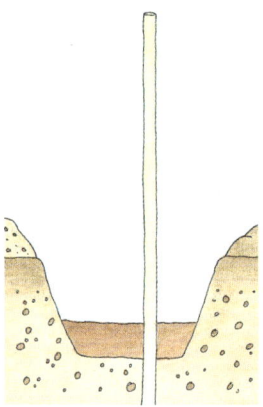

1 Spindelbusch einpflanzen. Pfahl in Grube einschlagen, Boden lockern und Erde aufbereiten.

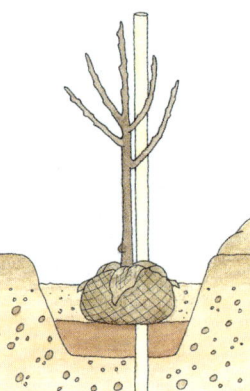

2 Spindelbusch so hineinsetzen, daß Veredelungsstelle handbreit über Bodenniveau liegt.

3 Ballentuch öffnen, Erde-Kompost-Gemisch einschaufeln und leicht antreten.

Himbeeren und Brombeeren

Wurzelware einige Stunden vor dem Pflanzen ins Wasser stellen, bei Containerpflanzen ist dies nicht nötig. Man pflanzt die Beeren gern in Reihen, dazu zuerst Halterungen für Spalier einschlagen (→ Seite 33). Dazwischen einen Graben 2 Spaten tief ausheben und Erde mit Kompost vermischen.

Pflanztiefe und -abstand: Die Triebknospen auf den Wurzeln müssen etwa 5 cm unter der Erde liegen, Containerpflanzen so tief wie zuvor im Gefäß setzen. Pflanzabstand bei Himbeeren 20 cm, bei Brombeeren, stachelige Sorten 4 m, stachellose Sorten 2 m.

Erde auffüllen und behutsam andrücken, angießen und dick mulchen.

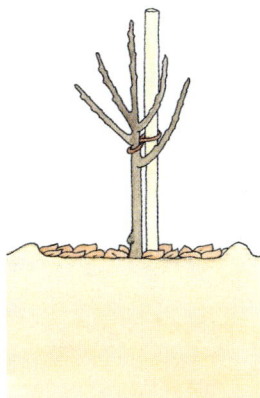

4 Pflanzstelle mulchen, Stamm und Pfahl locker mit Achterschlinge verbinden.

Nach dem Einpflanzen Drähte am Spalier spannen, Ruten auf etwa 50 cm zurückschneiden und daran anbinden.

Johannisbeeren, Stachel- und Jostabeeren

Pflanzgrube pro Strauch von etwa 50 x 50 cm 2 Spaten tief ausheben und Erde mit Kompost vermischen.

• Bei Stachel- und Jostabeeren kommen die Wurzeln etwa 5 cm tief unter die Erde, das entspricht der Pflanztiefe in der Baumschule. Jostabeeren schneidet man nicht, die Triebe von Stachelbeeren werden um die Hälfte eingekürzt.

• Rote und Weiße Johannisbeeren werden etwa 3 cm tiefer als in der Baumschule eingepflanzt, so daß die Hälfte der Triebansätze im Boden ist.

• Bei Schwarzen Johannisbeeren sollten alle Triebansätze in die Erde kommen (also etwa 10 cm tiefer als in der Baumschule pflanzen), damit sich aus den Wurzeln neue Triebe bilden. Alle Johannisbeer-Triebe werden nach dem Einpflanzen um die Hälfte zurückgeschnitten.

Mein Tip: Die Halterungen für Johannisbeer-, Stachel- und Jostabeer-Hochstämmchen (→ Zeichnungen, Seite 33) erst nach dem Einpflanzen bauen!

5 Die richtige Pflanzhöhe bei Gemüse.
Kohlrabi: Wurzelhals nicht einpflanzen.
Salate: Wurzelhals nur 1 cm tief in Erde setzen.
Tomaten: Bis zu erstem Blattansatz einpflanzen.

Sonderfall Erdbeeren

Erdbeeren pflanzt man im Juli/August ins gut mit reifem Kompost angereicherte Beet, wo sie bis zu 3 Jahre bleiben können. Ausnahme: Monatserdbeeren und Klettererdbeeren kommen im April/Mai in die Erde. Achten Sie beim Einpflanzen darauf, daß das Herz der Erdbeeren über die Erde, die Wurzeln hingegen möglichst senkrecht nach unten gepflanzt werden. Pflanz- und Reihenabstand etwa 30 cm.

Gemüse einpflanzen

Zeichnung 5

Mit der Pflanzschaufel ein Loch im Beet ausheben, zuunterst etwas Kompost eingeben, die Jungpflanze locker einsetzen, Erde auffüllen und andrücken.

Wichtig zu wissen ist, daß Gemüsepflanzen unterschiedliche Pflanzhöhen bevorzugen:

• Kohlrabi so hoch einpflanzen, daß der Wurzelhals nicht in die Erde kommt.

• Bei Salaten kommt der Wurzelhals etwa 1 cm tief in den Boden. Wenn sie zu hoch gepflanzt werden, fallen sie um. Bei zu tiefem Einpflanzen faulen sie von innen heraus.

• Starkzehrer wie Kopfkohl, Lauch, Paprika und Tomaten entwickeln sich kräftiger, wenn man sie bis zum ersten Blattpaar einpflanzt.

Mein Tip: Nach jedem Einpflanzen Gemüse weich und gründlich angießen, damit Erde und Wurzeln Kontakt miteinander bekommen.

Gemüse säen, pflanzen und ernten

Pflanzen	Reihenabstand/ Pflanzabstand in cm	Anzucht im Warmen	Direktaussaat	Pflanzzeit	Erntezeit
Blumenkohl	60/50	II–III	IV–V	V–VI	VII–X
Brokkoli	50/50	II–III	V	V–VII	VII–X
Buschbohne	40/40	–	V–VI	–	VII–X
Chinakohl	40/30	–	VII	–	X–XI
Eissalat	30/30	II–III	V–VI	V–VI	VI–IX
Endivien	30/30	–	VI–VII	–	IX–XI
Erbsen	40/10	–	IV–VI	–	VII–IX
Feldsalat	15/–	–	VIII–IX	–	XI–IV
Fenchel	40/20	–	VI–VII	–	IX–XI
Grünkohl	50/60	–	IV–V	VI–VIII	X–II
Gurke	100/40	IV–V	V–VI	V–VI	VII–IX
Knoblauch	30/15	–	–	III–IV	IX
Kohlrabi	30/20	II–III	IV–VI	III–VII	V–IX
Kopfsalat	30/30	I–III	IV–VII	III–VIII	V–X
Kresse	20/–	–	I–XII	–	I–XI
Mangold (Stiel-)	30/30	–	IV–V	–	VIII–X
Möhre	25/8	–	III–VII	–	VI–XI
Paprika	45/45	III	–	V–VI	VIII–IX
Pastinake	30/10	–	III–IV	–	X–XI
Pflücksalat	20/–	–	III–VIII	–	V–X
Porree	30/10	III	IV	V–VI	IX–II
Radieschen	15/5	–	III–VIII	–	IV–IX
Rettich	20/15	–	III–VIII	–	V–XI
Rosenkohl	60/60	–	IV–V	V–VII	IX–II
Rote Bete	20/15	–	IV–VII	–	VII–XI
Schwarzwurzeln	25/10	–	II–IV	–	IX–IV
Sellerie	40/30	–	III–IV	VI	VIII–XI
Spinat	20/–	–	III–IV/VIII–X	–	V–VI/IX–XI
Stangenbohne	60/40	–	V	–	VII–X
Tomate	80/60	II–III	–	V–VI	VII–X
Weiß-/Rotkohl	50/50	II–III	IV–V	IV–VI	VIII–XI
Wirsing	50/50	II–III	IV–V	IV–VI	VIII–X
Zichoriensalate	40/25	–	VI–VII	–	X–XI
Zucchini	120/90	IV–V	V–VI	V–VI	VII–X
Zwiebeln	20/8	–	–	III–IV	VII–X

Erläuterung: Die römischen Ziffern (I–XII) stehen für die Monate.
Das »–« bedeutet: Kein Pflanzabstand, wird dicht in Reihen ausgesät und später eventuell vereinzelt.

Säen und pflanzen nach dem Mond?

Nicht wenige eingefleischte Gärtner schwören auf die Kräfte des Mondes und seinen Einfluß auf Pflanzen und Wachstum. Die Wissenschaft spricht dazu bislang ein striktes Nein, wohl auch, weil diese Zusammenhänge noch zu wenig erforscht wurden.

Fest steht jedoch, daß Naturschauspiele wie Ebbe und Flut durch die Anziehungskraft des Mondes bewirkt werden und daß der Menstruationszyklus der Frauen weltweit und mehrheitlich den Vollmond-Phasen entspricht. Warum sollte der Mond also nicht auch auf Pflanzen Einfluß nehmen?

Jahrhundertelange Erfahrungen brachten Bauernregeln hervor, wonach die günstigen Zeiten für Holzeinschlag, Heuschnitt, Säen und Pflanzen vom Mond abhängen.

Viele Kulturen glauben seit Jahrtausenden an den Einfluß des Mondes auf alle fruchtbringenden und mit dem Wasser in Verbindung stehenden Abläufe in der Natur. Da Pflanzen ihre Nahrung vorwiegend über im Wasser gelöste Nährstoffe aufnehmen, müßte demnach ihr Werden und Wachsen in Bezug zum Mond stehen.

Gedanken dieser Art griff in den 20er und 30er Jahren dieses Jahrhunderts Rudolf Steiner auf und integrierte sie in seine anthroposophische Lehre. Eine Anhängerin dieser Lehre, die Landwirtin Maria Thun widmete sich der systematischen Beobachtung dieser Zusammenhänge und protokollierte sie über 50 Jahre lang. Auf sie gehen die bis heute Jahr für Jahr errechneten lunaren Aussaatkalender zurück.

Grundlagen der Aussaatkalender

Der Mond umkreist die Erde in 27 Tagen und etwa 8 Stunden. Dabei durchläuft er die 12 Tierkreiszeichen, auf die sich auch die Berechnungen der Astrologen stützen. Anhänger des Weltbildes Rudolf Steiners glauben, daß der Einfluß des Mondes auf die Pflanzen unterschiedlich ist, abhängig vom Sternbild, in dem er sich gerade befindet.

Wurzelpflanzen sollen gesät oder gepflanzt werden, wenn der Mond in den Sternzeichen Stier, Jungfrau oder Steinbock steht (Wurzelgemüse, → Seite 18).

Blattpflanzen werden durch die Sternbilder Fisch, Krebs und Skorpion gefördert. Zu den Blattpflanzen rechnet man alle Salate, Kohlarten und Blattkräuter (→ Seite 18).

Fruchtpflanzen sollen beim Stand des Mondes in den Sternzeichen Löwe, Widder, Schütze in die Erde kommen. Dazu gehören alle Fruchtgemüse (→ Seite 18), Melonen, Erdbeeren und alle Obstarten.

Blütenpflanzen startet man am besten, wenn der Mond Wassermann, Zwilling oder Waage passiert.

Gartenarbeiten nach dem Mond

Alle diese Berechnungen müssen jährlich neu durchgeführt werden und sind bei weitem nicht so simpel, wie die oben grob skizzierten Aussagen vermuten lassen. Die Berechnungen gehen noch wesentlich weiter ins Detail. Der Mond durchläuft in seinem monatlichen Rhythmus auch eine nördliche und eine südliche Mondwende, die nichts mit dem Neu- oder Vollmond zu tun haben.

Nach der nördlichen Mondwende ist der Mond fallend, sein Einfluß fördert alles Wurzelhafte, nach unten Gerichtete. Diese Zeit ist günstig zum Verpflanzen, zum Verein-zeln, zum Ernten von Wurzelgemüse, zum Rückschnitt und zum Holzeinschlag.

Nach der südlichen Mondwende ist der Mond im Steigen, das ist die Zeit zum Ernten und Bearbeiten aller oberirdischen Pflanzenteile.

Glauben – oder probieren

All diese Aussagen haben bis heute kein wissenschaftliches Fundament, finden aber zunehmend Anhänger und Interessierte, die es einfach einmal ausprobieren möchten. Langjährige Anhänger dieser Richtung schwören darauf und belegen dies mit reicheren Ernten und gesünderem Wachstum der Pflanzen.

Wo sich die Geister scheiden

Innerhalb des naturgemäßen Gartenbaus gibt es zwei verschiedene Richtungen, deren Methoden im großen und ganzen ähnlich sind. Unterschiedlich sind aber ihre theoretischen Grundlagen und Weltanschauungen.

Die biologisch-dynamische Wirtschaftsweise geht auf das Gedankengut Rudolf Steiners zurück. Hier beachtet man den lunaren Kalender und arbeitet mit selbstbereiteten homöopathischen Pflanzenpräparaten. Hintergrund allen Tuns ist das Menschen- und Weltbild der Anthroposophie, das unter anderem besagt, daß die auf Pflanzen und Menschen wirkenden Kräfte auch im Kosmos bei Planeten, Sternen und Tierkreiszeichen zu finden sind.

Die organisch-biologische Wirtschaftsweise hingegen legt den Schwerpunkt auf die Verlebendigung des Bodens. Ihre theoretische Grundlage ist das 1968 von Müller/Rusch erschienene Buch »Bodenfruchtbarkeit«, mit der Hypothese vom Kreislauf der lebendigen Substanz.

Früh- oder Mistbeete an sonnigen Tagen ausgiebig lüften, so reichert das Gemüse weniger Nitrat an.

Früher säen, früher ernten

So manch passioniertem Gärtner kribbelt es bereits im Februar in den Fingern, zu gern möchte er sich schon jetzt ins neue Anbaujahr stürzen. Und tatsächlich gibt es eine ganze Reihe von gärtnerischen Methoden, die es ermöglichen, eher als es das Klima erlaubt zu pflanzen, zu säen – und vor allem zu ernten. Wann Sie starten können, hängt ganz davon ab, für welche Methode des Verfrühens Sie sich entscheiden, und das bedeutet, wieviel an Aufwand, Zeit und Geld Sie investieren möchten.

<u>Hinweis:</u> Rund ums Jahr gärtnern und ernten können Sie mit einem beheizbaren Gewächshaus. Es gibt dafür speziell geeignete Gemüse-Sorten (→ Seite 20).

Folie und Vlies

Sie können unter Folie und Vlies nicht eher aussäen oder pflanzen, aber 2 bis 3 Wochen früher ernten. Der Grund: Unter den lichtdurchlässigen Abdeckungen erwärmt sich der Boden schnell, Wärme und Feuchtigkeit werden gehalten. Das Gemüse kann unter diesen treibhausähnlichen Bedingungen gleichmäßiger keimen, Jungpflanzen entwickeln zügiger Wurzeln.

Folie und Vlies schützen vor Frost, kalten Winden und Schädlingen. Aber Vorsicht: Schnecken fühlen sich unter dem feucht-warmen Mäntelchen besonders wohl.

Die Flachabdeckungen werden nach dem Pflanzen über das Gemüse gelegt und rundum mit Steinen beschwert oder eingegraben.

Folien: Besonders günstig sind sogenannte »mitwachsende Folien«. Sie besitzen zahlreiche Schlitze, die sich beim Wachsen der Pflänzchen dehnen und dabei öffnen. Sie müssen Schlitzfolien nicht lüften und können durch sie hindurch gießen. Anfangs, wenn die Schlitze noch nicht weit geöffnet sind, sollte man jedoch regelmäßig kontrollieren, ob der Boden darunter noch feucht ist.

Vliese: Sie besitzen ähnliche Eigenschaften wie Schlitzfolien, bestehen aus luft- und wasserdurchlässigen Kunststoffasern. Bei Frost gefriert der Wasserfilm auf dem Vlies. Diese Eisschicht verhindert, daß die gespeicherte Wärme abstrahlt.

Vorsicht Nitrat! Vor allem jenes Gemüse, das man möglichst früh anbaut (wie Blattsalate, Spinat, Radieschen, Rettiche) zählt zu den »Nitratspeichergemüsen«. Diese Gemüsearten neigen verstärkt dazu, bei Lichtmangel Nitrat anzureichern. Und dies ist häufig bei einem Anbau unter Folie, Vlies oder Glas (Frühbeet, Gewächshaus) der Fall. Je intensiver das Sonnenlicht, desto besser können die Pflanzen Nitrat abbauen (→ Seite 81). Nehmen Sie deshalb Folien, Vliese und Frühbeetabdeckungen möglichst bald oder zumindest tagsüber ab, spätestens jedoch 3 Wochen vor dem Ernten.

Mein Tip: Wählen Sie zum Abnehmen der Folien oder Vliese einen trüben Tag, damit die Pflänzchen keinen Lichtschock oder Sonnenbrand bekommen.

Folientunnel

Dies ist eine Vorform des Frühbeets und etwas teurer als Folie und Vlies. Der Fachhandel führt zahlreiche Varianten, man kann den Folientunnel aber auch selbst anfertigen. Mit der Pflanzung können Sie ab Mitte März beginnen. Über das Beet werden Drahtbügel gesteckt und mit einer Folie bespannt.

Pflegemaßnahmen: Gemüse unter einem Folientunnel muß »gewartet« werden. Das heißt:

• Bei Sonne zumindest eine Seite der Folie hochheben, um zu lüften. Unter den kräftigen Strahlen der Frühlingssonne können Temperaturen bis zu 50 °C entstehen!

• Bei Trockenheit gründlich gießen, aber nur am Vormittag, denn jeder Wassertropfen auf den Blättern kann in der Mittagssonne wie ein Brennglas wirken.

Mein Tip: Weniger pflegeintensiv sind Tunnel mit einer gelochten Folie, die Wasser und Luft durchläßt. Trotzdem muß auch hier gegossen und gelüftet werden.

Frühbeet

Es gibt Frühbeete in vielen Größen und Ausführungen zu kaufen, man kann sie jedoch auch selbst bauen. Mit dem Frühbeet kann für Sie die Gartensaison ab März beginnen. Sie können Ihr Frühbeet fest im Boden verankern oder als mobile Konstruktion jeweils auf das Beet stellen, wo Sie es gerade brauchen.

Sonne ist wichtig: Ein Frühbeet braucht einen vollsonnigen Stand, am besten in Hausnähe, wo es windgeschützt ist. Mit der höchsten Seite im Norden sollte es nach Süden abfallen, damit die Sonne voll auf das ganze Beet scheinen kann. Bei Sonne anfangs schattieren (zum Beispiel mit Schilfrohrmatten), wenn es wärmer wird, tagsüber

lüften. Nachts wird das Frühbeet natürlich wieder geschlossen. Vor Frösten hilft ebenfalls ein Abdecken mit Schilfrohrmatten.

Mein Tip: Im Fachhandel gibt es auch Frühbeete mit elektrischer Bodenheizung. Hier ist der Erntegewinn aber oft geringer als die Energiekosten.

Mistbeet

Das Mistbeet ist die älteste Form des Frühbeets und noch immer beliebt bei erfahrenen Gärtnern. Es ist äußerlich nicht vom Frühbeet zu unterscheiden, besitzt aber eine wärmende Fußbodenheizung aus Pferdemist. Jahr für Jahr muß diese aufwendige Füllung erneuert werden. Dafür kann man auch bereits Ende Februar loslegen – und ernten, wenn andere gerade an die erste Freilandaussaat denken.

• Eine gute Größe ist etwa 1 m auf 2 m bei einer Tiefe von 60 bis 80 cm. Beim Ausheben des Beets die oberste humose Bodenschicht gesondert beiseite legen.

• Rahmen für das Beet aufsetzen.

• Grube folgendermaßen schichten: 10 cm Laub, 30 bis 40 cm frischer Pferdemist (der festgetreten werden muß), eine dünne Lage Laub, Kompost oder Torf, dann etwa 20 cm gesiebten Mutterboden (die separat gelagerte Erde) mit Kompost vermischt.

• Den Kasten außen herum mit einer Wärmedämmung aus Laub, Mist oder Stroh anhäufeln.

• Mistbeet nachts schließen, tagsüber bei Sonne 3 bis 5 Tage lang öffnen, damit die Ammoniakdämpfe entweichen, die sich in den ersten Tagen bilden.

• Nun können Sie mit dem Bepflanzen oder Säen starten. Der Pferdemist heizt sich allmählich auf und wirkt wie eine Fußbodenheizung.

Gärtnern

Gießregeln auf einen Blick

Wer einmal weiß, daß Gemüse-pflanzen wie alle krautigen Pflanzen bis zu 95 % aus Wasser bestehen, versteht auch, weshalb sie so dringend Wasser brauchen. Es hält ihr Gewebe straff, trägt ihnen die Nährstoffe aus dem Boden zu und leitet ihre Stoffwechselprodukte ab. Gleichzeitig puffert es Hitze und Kälte. Ohne Wasser könnten Pflanzen nicht leben, weil keine Stoffwechselvorgänge stattfänden. Gießen ist also für Pflanzen lebensnotwendig. Da sie auf dem Beet besonders stehen, reichen meist die natürlichen Niederschläge im Sommer nicht aus. Vom richtigen Gießen hängt es ab, ob Pflanzen gesund und kräftig oder nur spärlich gedeihen. Und gleichzeitig sollte es so effektiv wie möglich geschehen.

Lehm- und humushaltige Böden können Feuchtigkeit gut speichern. Bei Trockenheit genügt es, ein- bis zweimal in der Woche ausgiebig zu wässern (man rechnet etwa 15 l pro m^2). Auch wenn der Boden oberflächlich schon trocken erscheint, ist er in der Tiefe meist noch feucht. Die Pflanzen sind daher gezwungen, tiefer zu wurzeln, wodurch sie wiederum mehr Nährstoffe aufnehmen können und kräftiger werden.

Sandböden haben nur eine geringe Speicherfähigkeit. Hier sollten Sie öfter und dafür weniger gießen.

Die Fingerprobe ist ein simpler Test für jeden, der sich nicht sicher ist, ob seine Beete Wasser brauchen oder nicht. Eine trockene Oberfläche besagt noch nichts. Graben Sie in Ihrem Beet eine kleine Mulde. Nur wenn die Erde in 3 cm Tiefe nicht mehr feucht ist, müssen Sie gießen.

Beste Gießzeit ist am frühen Abend. Die Pflanzen haben dann die ganze Nacht über die Möglichkeit, sich von der Tageshitze zu erholen. Natürlich können Sie auch am frühen Morgen wässern, allerdings wird bei aufkommender Hitze ein Großteil des Wassers gleich wieder verdunsten, ohne den Pflanzen zugute zu kommen.

Nie gießen bei praller Sonne. Die Wassertropfen auf den Blättern wirken wie Brenngläser und können zu Verbrennungen führen.

Nicht auf die Pflanze gießen, sondern immer in den Wurzelbereich. Mulden und Rinnen um den Wurzelhals herum sind ideal, weil sie das Wasser direkt zu den Wurzeln leiten. Vermeiden Sie, daß die Blätter der Pflanzen naß werden, sehr leicht siedeln sich daran Pilzkrankheiten an.

Kein kaltes Leitungswasser für Gemüsepflanzen! Gerade bei hochsommerlicher Hitze wirkt eine kalte Dusche aus der Gießkanne auf angewärmte Pflanzen in heißem Boden wie ein Schock und führt zu Wachstumsstörungen. Sammeln Sie deshalb zumindest für die Gemüsepflanzen das Gießwasser in Tonnen, Wannen oder Eimern, wo es sich tagsüber erwärmen kann.

Differenziert gießen, lautet die Devise. Denn es gibt Pflanzen mit großem und solche mit eher maßvollem Durst. Viel Wasser benötigen Gurken, Melonen, Tomaten und Zucchini. Eher bescheiden sind Kartoffeln, Knoblauch und Zwiebeln.

Regenwasser – ja oder nein?

Bis vor einigen Jahren hieß die unumschränkte Gärtnerregel, daß es für Pflanzen nichts Besseres zum Gießen gäbe als Regenwasser. Leitungswasser ist oft sehr hart und manchmal sogar gechlort. Damit zu gießen, kann in trockenen Sommern zum teuren Vergnügen werden und reduziert die ohnehin knappen Trinkwasser-Reserven. Regentonnen sind der Ausweg und machen den Gärtner unabhängig vom Leitungswasser. Das hier aufgefangene Naß gleicht sich der Umgebungstemperatur an und bekommt den Pflanzen besonders gut, denn es ist weich und temperiert.

»Aber ist es denn nicht sauer?«, wird sich mancher fragen. Denn immer wieder hört man Hiobsbotschaften, daß Regenwasser nicht mehr zum Gießen geeignet sei. Hier drei Hinweise zum sinnvollen Umgang damit:

1 Regenwasser ist tatsächlich nicht mehr so sauber wie einst. Fangen Sie deshalb nicht alles auf, was vom Himmel herunterkommt. Wenn es nach längerer Trockenheit zum ersten Mal wieder regnet, decken Sie Ihre Tonne zu, den Schmutz von Luft und Dach lassen Sie erst einmal eine halbe Stunde lang herunterregnen.

2 Untersuchen Sie das Regenwasser. Den Säuregrad (pH-Wert, → Seite 55) kann man selbst mit Indikatorpapier oder Tablette bestimmen. Sie erhalten diese Tests im Gartenfachhandel (Calcitest), im Zoofachhandel oder in Fachgeschäften für Aquaristik oder Laborbedarf.

3 Ist Ihr Gießwasser wirklich sauer, so sollten Sie es bei pH-Werten unter 4 nicht mehr sammeln. Da es aber ohnehin auf den Boden fällt, sind hier regelmäßige Bodenproben (mindestens alle 2 Jahre) angesagt. Denn saurer Regen versauert den Boden. Sinkt der pH-Wert des Bodens unter 5,5, müssen Sie kohlensauren Kalk oder Algenkalk einarbeiten. Der im Handel befindliche Calcitest gibt an, wieviel Kalk je nach Versauerung nötig ist.

Regentonnen sind Lebensquellen im Biogarten, weil das Gießwasser darin wohlig temperiert wird.

Gärtnern

Feuchtigkeit im Boden halten

»Einmal hacken spart zweimal
gießen«, sagt ein altes Gärtner-
sprichwort. Damit hat es folgende
Bewandtnis:
Ein guter Boden besitzt eine gute
Wassernachlieferung aus tieferen
Bodenschichten. Das Wasser steigt
aufgrund seiner Oberflächenspan-
nung zwischen den Bodenteilchen
hoch, wie in ganz engen Glasröhr-
chen. Durchs Hacken unterbricht
man diese feinen Kapillarröhrchen.
Das Bodenwasser kann also nicht
mehr so schnell verdunsten, der
Boden bleibt länger feucht. Verdun-
stung reduzieren, bedeutet: weniger Gießarbeit. Und so können Sie
das erreichen.
Hacken erhält die Krümelstruktur
des Bodens und bewahrt ihn so vor
schneller Austrocknung. Nach jedem starken Regenguß sollte freier
Boden deshalb gehackt werden.
Mulchen hält unter der schützenden Mulchdecke die Feuchtigkeit
im Boden und verhindert gleichzeitig, daß er sich an heißen Tagen
zu sehr erhitzt und somit stark verdunstet.
Mischkultur läßt den Boden ebenfalls kaum austrocknen, weil er
durch die enge Bepflanzung gänz-
lich beschattet ist. Entstehen durchs
Ernten Lücken, sollte gleich nachge-
pflanzt werden.
Windschutz im und um den Garten
sorgt dafür, daß Wind den Boden
nicht vorzeitig austrocknet. Günstig
sind also Zäune, Hecken, hohe Stauden, sogar Rabatten als Beeteinfassungen wirken schon schützend.
Flächenkompostierung ist eine
Mischmethode aus Mulchen und
Kompostieren. Sie ist besonders
hilfreich bei leichten Sandböden,
die wenig Feuchtigkeit speichern
können. Dabei werden fein zer-
schnittene Abfälle mit halbreifem

Kompost vermischt, auf der Beetoberfläche verteilt und leicht in die
oberste Bodenschicht eingearbeitet.
Das Ganze deckt man mit einer
dünnen Mulchschicht ab.
Auf diesem Beet findet nun allmählich eine Verrottung ähnlich wie im
Komposthaufen statt.
Die Decke aus organischen Abfällen
bewirkt, daß Bodenwasser ungehindert verdunsten kann, und die
Bodenlebewesen finden ideale Bedingungen – nämlich Wärme,
Feuchtigkeit und Futter. Auf ein-
fachste Weise erhöhen Sie so den
Humusgehalt an Ort und Stelle.

Mulchen – ein Mäntelchen für den Boden

Mulchen nennt man das Abdecken
des nackten Bodens mit Laub, Grasschnitt, zerkleinerten Pflanzenresten, einer speziellen Folie oder anderen organischen Stoffen. Damit
ahmt der Gärtner Naturvorgänge
nach. Denn egal wohin man sieht –
überall, wo es in der freien Natur
wächst, blüht und gedeiht, ist der
Boden mit lebenden und toten
Pflanzen völlig bedeckt. Bodenbedeckung ist das Geheimnis eines
lebendigen Bodens. Unter dieser
schützenden Decke kann sich das

Ordentlich in Stroh verpackt erspart dieses gemulchte Beet dem Gärtner

Bodenleben entfalten. Unbedeckter Boden hingegen ist tot – man denke nur an die Wüste.

Ein wirksamer Bodenschutz läßt sich erreichen: durch Mischkultur (→ Seite 24), Gründüngung, die den Boden in einen lebenden, grünen Teppich hüllt (→ Seite 56) oder durch Flächenkompostierung (→ Seite 88) und durch Mulchen.

Vorteile des Mulchens

Zugegeben – gemulchte Beete sehen oft nicht so ordentlich aus wie freie Beete in herkömmlichen Gärten. Dies hängt aber weitgehend

viel Arbeit.

von den Materialien ab, die man verwendet. Lassen Sie sich vom ungewohnten Anblick nicht abschrecken. Mulchen bringt nicht zu unterschätzende Vorteile mit sich:

• Sie müssen weniger jäten, weil die Mulchdecke Unkraut beim Keimen behindert.

• Sie müssen weniger gießen, weil weniger Feuchtigkeit verdunstet.

• Sie müssen weniger hacken, weil der Boden unter dem Mulch feinkrümelig bleibt.

• Sie können sauberer ernten, denn Gemüse (wie Zucchini) oder Erdbeeren werden bei Regen nicht mit Erde bespritzt.

• Das Bodenleben wird optimal gefördert, weil den Mikroorganismen Wärme, Feuchtigkeit und Nahrung zur Verfügung stehen, der Boden wird durch sie humos und fruchtbar.

• Er wird außerdem geschützt vor Austrocknung und Verschlämmen.

• Die Pflanzen finden günstige Wachstumsbedingungen, nämlich Feuchte, von den Bodenlebewesen aufbereitete pflanzenverfügbare Nährstoffe und relativ gleichmäßige Bodentemperaturen.

Günstige Mulchmaterialien

Viele Gartenabfälle eignen sich hervorragend als Bodendecke: Heckenschnitt und zerkleinerte Gartenabfälle, aber nur von gesunden Pflanzen!

Grasschnitt unbedingt von der Sonne antrocknen lassen, dann etwa 5 cm hoch ausbreiten. Frisch gemähtes Gras verklebt und fault.

Brennesseln oder Comfrey führen dem Boden Stickstoff, Kieselsäure und viele Spurenelemente zu. Achtung: Keine blühenden oder samentragenden Brennesseln nehmen!

Stroh, das nicht mit Pflanzenschutz- oder Stauchemitteln behandelt wurde.

Mulchfolie deckt den Boden ab, ohne ihm jedoch Futter zu liefern (im Fachhandel erhältlich).

Rindenmulch besteht aus zerkleinerter Rinde (im Fachhandel erhältlich). Er ist folglich reich an Gerbsäure, die das Keimen von Samen unterdrückt. Ein guter Schutz also gegen Unkräuter! Zum Mulchen von Beerensträuchern, Obstbaumscheiben, unter Ziersträuchern und in Staudenrabatten ist er gut geeignet, aber nicht für Gemüsebeete. Man kann damit auch gut Wege zwischen den Beeten anlegen.

Lavagranulat bildet eine schützende und nährstoffanreichernde Bodendecke (→ Seite 53).

So wird gemulcht

• Mulchmaterialien zerkleinern und in der Sonne antrocknen lassen.

• Ist der Boden sehr trocken, muß als erstes gegossen werden.

• Dann das Beet mit Grabgabel oder Sauzahn gründlich lockern und Unkraut entfernen. Auf diese Weise kommt Sauerstoff in den Boden, und der wird beim Rotteprozeß zwischen Erde und Mulchschicht benötigt.

• Etwas Algenkalk beim Lockern einstreuen, das fördert die Rotte.

• Mulch 3 bis 5 cm hoch auf dem Beet verteilen.

Wichtig: Aussaaten nicht mulchen. Erst abdecken, wenn die Jungpflanzen etwa 10 cm groß sind.

• Nachdem die Mulchschicht verrottet ist – das geht bei Grasschnitt, Brennesseln und Comfrey relativ schnell – wird der Boden gelockert und erhält ein neues Mäntelchen.

Mein Tip: Wer unter Nacktschnecken-Invasionen leidet, sollte öfters, aber dafür nur dünn mulchen. Schnecken verstecken sich gern unter feuchtwarmen Mulchschichten.

Gärtnern

Biologisch düngen heißt umdenken

Fast jeder hat es so gelernt: Reiche Ernten und prächtige Blüten sind »machbar«, man muß nur die Pflanzen gut und reichlich ernähren! Darum streut so mancher Hobbygärtner lieber eine Handvoll zuviel Kunstdünger auf seine Beete, im guten Glauben, daß es ja nie schadet. Kein Wunder, daß weit mehr als 60% aller Kleingärten überdüngt sind.

Was da im Übermaß an Nährstoffen auf dem Boden landet, wird von den Pflanzen eingelagert und ins Grundwasser ausgewaschen. Allen voran der Pflanzenhauptnährstoff Stickstoff, der im Boden zu Nitrat umgesetzt und dort von Pflanzen und Grundwasser aufgenommen wird. Erhöhte Nitratwerte (→ Seite 83) in Nahrung und Trinkwasser aber sind gesundheitsschädlich, für Kleinkinder können sie sogar lebensgefährlich sein. So wird jeder von uns letztlich Opfer unklugen Tuns.

Der Naturgärtner denkt anders: Er ernährt den Boden, nicht die Pflanzen. Ist dieser möglichst frei von unnatürlichen Chemikalien und finden die Bodenlebewesen dort optimale Bedingungen vor, so bilden sie alle notwendigen Pflanzennährstoffe – im richtigen Maß und zur richtigen Zeit.

Zwischen Boden und Pflanzen findet bestes Teamwork zum Wohle aller statt. Denn die Bodenorganismen bauen dabei Humus auf, dessen Huminsäuren wiederum die Pflanzen gesund und resistent machen.

Pflanzen und ihre Nährstoffe

Hauptnährstoffe (→ Seite 11) benötigen Pflanzen in großen Mengen. Dazu zählen: Stickstoff (N), Phosphor (P), Kali (K), Kalk (Ca), Magnesium (Mg).

Spurenelemente sind Nährstoffe, von denen Pflanzen nur winzige Spuren brauchen. Dazu zählen vor allem Mangan, Bor, Zink, Kupfer, Molybdän und Chlor.

Unterschiedlicher Nährstoff-Bedarf. Jede Pflanzen-Art und -Sorte benötigt die einzelnen Nährstoffe in unterschiedlicher Dosis und Kombination. Nach ihrem Bedarf an Stickstoff unterscheidet man die drei Gruppen der Stark-, Mittel- und Schwachzehrer (→ Seite 22).

Wichtig: Eine Schlüsselstellung bei der Nährstoffaufnahme nimmt der Kalk ein. Ist der Boden zu kalkarm oder zu kalkhaltig, können Pflanzen die Nährstoffe nicht mehr aufnehmen (→ Seite 53 und 55).

Auf den Dünger kommt es an

Der Biogärtner verwendet nur Düngemittel, die dem Boden »vertraut« sind, das heißt, die organisch oder mineralisch aus der Natur gewonnen werden.

Wie sich zurechtfinden im Dschungel des riesigen Dünger-Angebots?, fragt sich so mancher Garten-Neuling. Wer naturgemäß gärtnert, kann sich dieses Gebiet schnell und leicht erschließen, denn die ganze Vielzahl der »Kunstdünger« scheidet von vornherein aus.

Lassen Sie sich vor allem nicht durch die unterschiedlichen Angebotsformen irritieren. Ob pulverisiert, granuliert, flüssig oder in anderen Formen, Düngemittel kann man in drei verschiedene Gruppen einteilen:

Organische Dünger, die aus tierischen oder pflanzlichen Stoffen bestehen, wie Mist, Pflanzenreste, Knochenmehl oder Hornspäne,

Synthetische Mineraldünger, die landläufig auch Kunstdünger genannt werden, weil sie künstlich hergestellt werden.

Organisch-mineralische Dünger, das sind Mischungen aus organischen Stoffen und synthetischen Nährsalzen.

Mein Tip: Im Biogarten sollten Sie sich für die organischen Dünger entscheiden, denn sie sind Futter für die Spezialisten im Boden. Wer darüber hinaus seinen Boden mineralisch anreichern möchte, nimmt dazu natürliche Mineraldünger, wie Algenkalk, Stein- oder Tonmehle (→ Seite 53).

Hinweis: Häufig werden Gärtner auch mit den Begriffen »Volldünger« und »Langzeitdünger« konfrontiert und fragen sich, in welche der drei Kategorien sie einzuordnen sind. Es gibt sie in jeder Gruppe.

• Volldünger enthalten alle Hauptnährstoffe und viele Spurenelemente (im Unterschied zu Einzeldüngern).

• Langzeitdünger wirken über eine längere Zeit und geben die Nährstoffe nur allmählich ab.

Organische Düngemittel aus dem Fachhandel
Bewährte Mittel, die im Fachhandel erhältlich sind

*Hornspäne, getrockneter Geflü-
gelmist, handelsfertiger Natur-
dünger (von links nach rechts).*

Gerade für Einsteiger und Städter
ist es hilfreich, fertige organische
Dünger kaufen zu können, denn
nicht jeder hat die Möglichkeit,
Mist aus biologischen Betrieben
zu bekommen.
Wichtig: Je gröber der Dünger
ist, desto länger dauert es, bis er
im Boden pflanzenverfügbar aufbereitet ist. Manche Handelsmi-
schungen haben deshalb eine
abgestufte Körnung, so daß die
Bodenlebewesen unterschiedlich

lange brauchen, um die Nähr-
stoffe freizusetzen.
Reich an Stickstoff sind: Blut-
mehl, Hornspäne, Horngries,
Hornmehl, Guano, getrockneter
Geflügelmist.
Reich an Phosphor sind: Kno-
chenmehl, Guano, getrockneter
Geflügelmist.
Reich an Kali sind: Getrockneter
Rinderdung und Geflügelmist,
Guano, Holzasche.
Reich an Kalk sind: Guano,
getrockneter Geflügelmist sowie
die natürlichen Mineraldünger
Magnesiumkalk, kohlensaurer
Kalk, Algenkalk und Steinmehle.
Reich an Magnesium sind: Mag-
nesium-, Algenkalk, Holzasche.
Mein Tip: Kaufen Sie keinen
getrockneten Geflügelmist, der
aus Legebatterien stammt, in
denen Hühner durch Raumnot,
Medikamente und Futterzusätze
gequält werden. Für den Biogärtner geeigneter Geflügelmist trägt
ein Etikett, das einwandfreie Hal-
tung garantiert.

Synthetische Düngung – Erfolg mit Gefahren
Ein fataler Kreislauf, an dessen Ende
ein toter Boden stehen kann, wird
oft durch synthetische Dünger in
Gang gesetzt. Bei diesen Düngern
sind die Nährstoffe an synthetische
Salze so gebunden, daß sie sofort
von den Pflanzen aufgenommen
werden können. Die Pflanzen ernähren sich also direkt vom Dünger.
Ein Nährstoffmangel kann mit diesen Düngern schnell behoben werden – allerdings ist auch die Gefahr

der Überdüngung groß. Bei zuviel
Stickstoff zum Beispiel werden ihre
Zellen aufgeschwemmt, die Pflanzen
dadurch anfällig für Krankheiten,
Schädlinge und Frost. Die Boden-
bewesen werden durch Kunstdünger vertrieben oder getötet, denn
diese Dünger bestehen zu etwa
70% aus Salzen. Die Humusbildung
geht zurück, der Boden verdichtet.
Im folgenden Jahr muß der Gärtner
noch mehr synthetischen Dünger
geben, um gleiche Ernten zu erzielen – der Teufelskreis hat begonnen.

Organische Düngung – ein harmonischer Kreislauf
Alle organischen Düngemittel wer-
den nicht direkt von den Pflanzen
aufgenommen, sondern sind reines
Futter für die Bodenlebewesen.
Aufgrund des reichen Nahrungs-
angebots vermehren sie sich fleißig
und bereiten die Nährstoffe so auf,
daß sie den Pflanzen zur Verfügung
stehen. Beim naturgemäßen Düngen dauert es also immer eine ge-
raume Zeit, bis die Nährstoffe von
den Pflanzen aufgenommen werden können. Der Zeitraum hängt
auch vom Wetter ab: Bei Kühle und
Trockenheit arbeiten die Mikroorganismen langsamer, bei war-
mem, feuchtem Wetter umso
schneller. Interessanterweise funktioniert im gleichen Rhythmus die
Nahrungsaufnahme und das
Wachstum der Pflanzen. Sie bekommen also die Nährstoffe je nach
ihren Bedürfnissen – ein harmoni-
scher Regelkreis, in den sich der
Mensch nicht einzuschalten braucht
und der von Jahr zu Jahr besser
funktioniert.

Natürliche organische Dünger
Wenn Sie sich frischen Mist vom
Bauern holen, so versichern Sie sich,
daß die Tiere nicht mit Antibiotika,
Wachstumsförderungsmitteln oder
sonstigen Medikamenten regelmäßig behandelt werden. Antibiotika im Mist zum Beispiel hemmen
das Wachstum der Pflanzen.
Rindermist wird frisch nur von
Gurken, Tomaten und Zucchini
vertragen. Je frischer er ist, desto
mehr beschleunigt er das Pflanzenwachstum, desto weniger bildet
sich aber Dauerhumus (→ Seite 52).

Am besten den frischen Mist lagenweise in den Kompost integrieren. Dann allerdings unbedingt auf Kalk verzichten, denn Kalk verbindet sich mit dem Stickstoff des frischen Mists zu Ammoniak, der Kompost beginnt zu stinken.

Pferdemist entwickelt bei der Verrottung große Hitze und wird deshalb bevorzugt im Frühbeet (→ Seite 73) verwendet oder als Kompostzusatz.

Schweinemist stinkt penetrant und wird ebenfalls höchstens zum Kompostieren benutzt.

Geflügelmist (auch Guano genannt) ist scharf und in hohem Maß phosphorhaltig. Daneben besitzt er viele Stickstoff- und Kali-Anteile. Man sollte ihn nie frisch aufs Beet bringen, er schadet dem Bodenleben und kann Verbrennungen der Pflanzen hervorrufen. Getrocknet, kompostiert oder als Jauche (→ rechts) ist er ein wertvoller Dünger.

Holzasche ist ein pflanzliches Produkt und reich an Kali, Kalk, Phosphor und Spurenelementen. Am besten streut man sie dünn zwischen einzelne Lagen beim Aufsetzen des Komposts, so daß ihre Nährstoffe über den Kompost dem Boden zugute kommen.

Mein Tip: Verwenden Sie nie Steinkohleasche. Sie kann erhebliche Mengen an Schadstoffen, vor allem Schwermetallen enthalten.

Pflanzliche Jauchen – Rezepte

Aus Brennesseln und Comfrey lassen sich ideale stickstoffhaltige Jauchen herstellen. Sie wirken sanft aber kräftigend, heilend, fördern das Pflanzenwachstum und locken Regenwürmer an. Man gießt sie während der Wachstumszeit um die Pflanzen herum als zusätzliches Nährstoffangebot. Im Fachjargon heißt das Kopfdüngung.

Für Jauche frische Kräuter sammeln.

Zerkleinert im Wasser ansetzen.

Täglich umrühren, bis Jauche nicht mehr schäumt. Verwendet wurden Brennesseln, Comfrey, Rainfarn.

Brennesseljauche: 1 kg frische Brennesseln vor der Blütezeit (oder 200 g getrocknetes Kraut) zerkleinern und in 10 l Wasser ansetzen. Täglich umrühren, damit Sauerstoff die Gärung in Gang bringt. Sobald sie nicht mehr schäumt, kann sie gesiebt und verdünnt verwendet werden.

Comfreyjauche: Comfrey ist eng mit dem heimischen Beinwell verwandt, jedoch reicher an Nährstoffen. Die Jauche wird wie Brennesseljauche hergestellt. Sie können auch beide Jauchen miteinander vermischen oder eine Jauche mit Blättern von beiden herstellen. Eine solche Mischung fördert vor allem Tomaten.

Tierische Jauchen – Rezepte

Sie dienen wie pflanzliche Jauchen zur Kopfdüngung während der Vegetationszeit.

Rinder-, Pferde- und Kleintiermist kann mit oder ohne Stroh angesetzt werden. Strohloser Mist ist einfacher beim Absieben der Jauche zu handhaben.

1 Teil Mist mit 2 Teilen kaltem Wasser ansetzen. Täglich wird einige Male umgerührt, damit durch Sauerstoff die Gärung voranschreitet. Sie ist erkennbar an schaumigen Blasen und unangenehmem Geruch. Sobald sich keine Blasen mehr bilden (nach etwa 2 bis 3 Wochen), ist die Jauche fertig und kann abgesiebt werden.

Für Starkzehrer 1 Liter Jauche in 15 Liter Gießwasser verdünnen.

Geflügelmist ist sehr scharf, deshalb wird die Jauche anders bereitet.

1 Teil Geflügelmist mit kochendem Wasser überbrühen, anschließend mit 3 Teilen kaltem Wasser aufgießen. Zum Düngen wird diese Jauche nach der Gärung 1:20 mit Wasser verdünnt.

Mein Tip: Düngen Sie Kohlarten nie mit frischem Mist oder Mistjauchen. Dies führt zu Geschmackseinbußen. Im Fachhandel erhältlicher, getrockneter und gemahlener Rinderdung besitzt diese Wirkung nicht.

Tips zum Umgang mit Jauchen

• Setzen Sie Jauchen nie in Metallgefäßen, sondern in Holz- oder Kunststoffbehältern an.
• Decken Sie die Jauchegefäße ab (zum Beispiel mit einem Drahtgitter), damit weder Kinder hineinlangen noch Tiere hineinfallen können. Die Abdeckung darf aber nicht luftdicht sein, weil Sauerstoff zur Gärung wichtig ist.
• Der Gestank der Jauche läßt sich mildern, wenn Sie Baldrianblüten oder Steinmehl zugeben.
• Man gießt die Jauche als Kopfdüngung bei Starkzehrern drei- bis viermal während einer Vegetationsphase.
• Verdünnt (1:20) eignet sich die Jauche auch für Mittelzehrer.
• Gießen Sie die verdünnte Jauche immer auf den Boden, nie auf die Blätter.
• Düngen Sie nie in der Mittagshitze, um Verbrennungen zu vermeiden. Günstig sind bedeckte Tage.
• Bei Trockenheit vor dem Düngen den Boden gründlich gießen.

Richtig düngen rund ums Jahr

Am Anfang jeder Bodenverbesserung und Düngung steht die Bodenuntersuchung, die mindestens alle zwei Jahre wiederholt werden sollte.
Gedüngt wird bei der Bodenbearbeitung im Herbst und Frühjahr (→ Seite 56/57). Bedenken Sie, daß auch eine Gründüngung mit Leguminosen (→ Seite 58 bis 61) den Boden mit Stickstoff anreichert.

Nährstoffe in frischem Mist, Kompost und Jauche
(in Prozent)

Mistart	Stickstoff	Phosphor	Kali	Kalzium
Rind	0,5	0,2	0,6	0,5
Pferd	0,6	0,3	0,5	0,3
Schwein	0,6	0,8	0,5	0,4
Schaf/Kaninchen	0,8	0,2	0,7	0,3
Ziege	0,4	0,5	1	0,4
Hühner/Tauben	1,3–2	1–3	0,5–2	0,9
Kompost	0,5	0,3	0,4	1–3
Brennesseljauche	0,07	0,003	0,02	0,03

Starkzehrer erhalten zusätzlich während der Wachstumszeit 3 bis 4 Kopfdüngungen möglichst mit Jauchen, Kohlgewächse keinesfalls aber frischen Mist verabreichen.
Bäume, Sträucher, Gemüse, Blumen nur bis Ende Juli düngen. Spätes Düngen läßt bei Gehölzen das Holz nicht ausreifen, so daß es frostanfällig wird und beeinträchtigt bei Obst und Gemüse deren Lagerfähigkeit. Außerdem können überflüssige Nährstoffe im Herbst leicht ins Grundwasser ausgewaschen werden.

Was tun, wenn der Boden überdüngt ist?

Die meisten überdüngten Gartenböden sind mit synthetischen Düngern überlastet, so daß die Überdüngung mit mangelnder Bodenaktivität einhergeht.

3-Jahres-Plan
Säen oder pflanzen Sie auf überdüngten Böden mindestens 2 Jahre lang kein Gemüse an.
Im Mai des 1. Jahres auf die vorgesehenen Beetflächen Sonnenblumen aussäen. Diese Starkzehrer entziehen dem Boden hohe Mengen an Nährstoffen, reichern ihn mit ihren dichten Wurzeln organisch an und sehen hübsch aus.
Im Spätsommer die Sonnenblumen abschneiden, die Wurzeln im Boden lassen und dick mit Stroh mulchen.
Im Frühjahr des 2. Jahres Mulch und abgestorbene Wurzelstrünke entfernen. Boden mit dem Sauzahn lockern sowie etwas reifen Kompost und Algenkalk einrechen. Nochmals Sonnenblumen aussäen.
Im 2. Herbst Sonnenblumen mähen und eine Bodenuntersuchung vornehmen. Beete wieder dick mit Stroh mulchen.
Im Frühjahr des 3. Jahres können Sie, wenn der Nährstoffgehalt deutlich gesenkt ist, Frühkartoffeln legen, die auch bei noch erhöhten Stickstoffwerten kaum Nitrat einlagern. Darüber hinaus reichern sie den Boden mit ihren vielen Feinwurzeln organisch an.
Nach der Ernte im Juli/August auf dem Boden Kompost verteilen und eine Gründüngung aussäen, die den Winter über bleibt (→ Seite 60/61). Nun müßte dieser Boden auf dem Wege der Gesundung sein.

Wirsing – hier filigran mit Rauhreif überzogen – sollte Ende Oktober geerntet werden.

Spezielle Pflegemaßnahmen bei Gemüse

Anhäufeln: Sobald die jungen Triebe von Bohnen, Erbsen, Kartoffeln und Tomaten 10 bis 15 cm hoch sind, wird rings um die Triebe Erde angehäufelt. Sie bilden dadurch mehr Wurzeln und entwickeln sich kräftiger.

Bleichen: Gemüse wird »bleich«, wenn es aus Mangel an Licht kein Chlorophyll aufbauen kann. Bei manchen Gemüse-Arten ist dies erwünscht, weil ihr Geschmack dann besonders fein ist.

• Endivien oben zusammenbinden. Alternative: Mit Schwarzfolie oder Bleichschalen aus dem Fachhandel abdecken.
• Stangensellerie und Knollenfenchel bis zum Blattansatz mit Erde anhäufeln, Porree so hoch es nur irgend geht.
• Bei Cardy die langen Stengel am besten mit schwarzer Folie umwickeln. Dies ist übrigens auch bei Stangensellerie und Meerkohl möglich.
• Für Meerkohl und Stangensellerie gibt es wunderschöne Bleichgefäße aus Terrakotta (→ Foto, Seite 63). Sie kommen aus England und heißen dort »Forcers« (→ Adressen, Seite 110).

Ausgeizen: Wichtig bei Tomaten. In den Achseln zwischen Haupttrieb und Blättern bilden sich laufend neue Triebe, die man regelmäßig ausbrechen sollte, damit die Pflanze alle Kraft in die Fruchtbildung steckt. Mit den abgeknipsten Trieben die Tomaten mulchen, sie gedeihen dann besonders prächtig.

Der zusätzliche Schluck: Durstige Gemüse wie Tomaten, Zucchini und Gurken tut eine zusätzliche Wasserversorgung gut. Dazu einen Blumentopf mit einer Tonscherbe oder ein Plastikgefäß mit einem durchlöcherten Boden in den Wurzelbereich der Pflanzen eingraben. Gefäße zusätzlich zum Gießen regelmäßig mit Wasser füllen, die Erde wird dadurch ständig feucht gehalten.

Mein Tip: Diese Methode hat sich auch für Hoch- und Hügelbeete sehr bewährt, die schneller als andere Beete austrocknen.

Spezielle Pflegemaßnahmen bei Obstbäumen

Baumscheibe mulchen: Mit Grasschnitt, Stroh oder Rindenmulch abdecken.

Baumscheibe bepflanzen: Die Alternative zum Mulchen. Geeignet sind Kapuzinerkresse (hält Blutläuse fern), Ringelblumen, Tagetes oder Leguminosen.

Stammpflege: Im Herbst den Stamm mit einer weichen Bürste säubern, dann mit einem biologischen Stammanstrich einstreichen, damit die Rinde bei Frost nicht platzt.

Der Schnitt: Setzt viel Wissen voraus. Am besten einige Kurse der örtlichen Gartenbauvereine belegen und bis dahin einen Fachmann damit beauftragen.

Wunden versorgen: Offene Stellen in der Rinde, die größer als 5 cm im Durchmesser sind, müssen geschlossen werden, damit sich keine Schädlinge und Krankheiten einnisten. Mit einer Hippe (spezielles Messer dafür) den Wundrand glätten, die Wunde mit einem biologischen Wundverschlußmittel (im Fachhandel) bestreichen.

Spezielle Pflegemaßnahmen bei Beerensträuchern

Erdbeeren: Vor dem Reifen der Früchte mit Stroh mulchen, so faulen die Beeren weniger.

Johannisbeeren: Nach der Ernte die alten dunklen Triebe bodennah abschneiden. 8 bis 10 Triebe stehen lassen.

Stachelbeeren: Altes Holz am Boden abschneiden, 10 bis 12 Triebe sollen erhalten bleiben. Im Winter Triebspitzen um 5 bis 10 cm einkürzen. In ihnen überwintert der gefürchtete Stachelbeer-Mehltau.

Himbeeren: Nach der Ernte die abgetragenen Ruten in Bodenhöhe abschneiden. Jungtriebe festbinden.

Brombeeren: Im Winter die abgetragenen Ruten abschneiden, Jungtriebe an der Halterung festbinden (in kalten Regionen auf den Boden biegen und mit Reisig oder Stroh schützen).

Nitratarm ernten

Nitrat entsteht bei der Verarbeitung von Stickstoff im Boden und dient den Pflanzen als Nährstoff. Ein Teil davon wird aber auch in ihnen angereichert oder ins Grundwasser ausgewaschen.

Wir nehmen Nitrat über das Trinkwasser und das Gemüse auf. Gefährlich ist es deshalb, weil es bei der Zubereitung der Nahrungsmittel oder der Verdauung zu Nitrit umgewandelt werden kann. Das dabei entstehenden Nitrosamine können Krebs hervorrufen.

Wieviel Nitrat in den einzelnen Pflanzen angereichert wird, ist von mehreren Faktoren abhängig:

• Überhöhte Stickstoff-Düngung.
• Zu wenig Sonnenlicht beim Heranwachsen der Pflanzen. Gemüse aus dem Gewächshaus ist nitratbelasteter als Freilandgemüse, Gemüse aus Frühjahr- und Herbstanbau ist ebenfalls nitratreicher als Sommergemüse.

• Die einzelnen Gemüse-Arten haben eine unterschiedliche Speicherkapazität für Nitrat.

Viel Nitrat speichern Blattsalate (auch Feldsalat), Fenchel, Kohlrabi, Mangold, Porree, Radieschen, Rettich, Rhabarber, Rote Bete und Spinat.

Mittleren Nitratgehalt weisen Kohl, Möhren und Sellerie auf.

Wenig Nitrat enthalten Auberginen, Bohnen, Chicorée, Erbsen, Gurken, Kartoffeln, Paprika, Schwarzwurzeln, Spargel, Tomaten und Zucchini.

So läßt sich der Nitratgehalt senken

Düngen Sie behutsam und überprüfen Sie den Nitratgehalt Ihres Bodens mindestens alle 2 Jahre.

• Schädlinge etwa 4 Wochen vor der Ernte abnehmen, damit die Pflanzen noch ausreichend Sonnenlicht erhalten, was Nitrat reduziert.

• Gemüse im Beet gleichmäßig feucht halten. Auf feuchten Böden wird mehr Nitrat abgebaut als auf trockenen.

• Ernten Sie Gemüse immer abends. Der Nitratspiegel ist dann niedriger.

• Ernten Sie Wurzelgemüse nach folgender Methode: Am Morgen eines sonnigen Tages Gemüse mit leichtem Ruck nach oben ziehen. Auf diese Weise reißen die feinen Saugwurzeln ab, mit denen die Pflanze Stickstoff aufnimmt. Bis zum Ernten am Abend hat die Pflanze Stickstoff verbraucht, ohne Nachschub zu erhalten. Der Nitratgehalt ist dann erstaunlich niedrig.

• Entfernen Sie bei Salaten die Rippen. In ihnen wird besonders viel Nitrat eingelagert.

Gärtnern

Herzstück des Biogartens

Ohne Kompost geht es nicht im Biogarten. Das Kompostieren schließt den ökologischen Kreislauf des Nehmens und Gebens. So wie in der Natur alles aus dem Boden hervorgeht, wieder zu ihm zurückkehrt und ihn bereichert, muß auch der Gärtner nach dem Nehmen und Ernten dem Boden das wiedergeben, was er ihm entzogen hat. Der Kunstgriff des Biogärtners besteht lediglich darin, die natürliche Rotte, wie sie zum Beispiel auf dem Waldboden stattfinden kann, schnell und gezielt auf den dafür vorgesehenen Kompostplatz zu verlagern. Die Kompostieranlage ist deshalb der innere Motor des Gartens und noch dazu ein idealer Recycling-Platz, an dem durch Verrottung von Abfällen neues Boden- und Pflanzenfutter gebildet wird.

»Kompost, der stinkt doch und dauert einige Jahre!« Wer diese traurige Erfahrung gemacht hat, kann sie vergessen, denn es geht auch ganz anders. Einmal richtig begonnen, können Sie ohne allzu großen Aufwand bereits nach 6 Monaten herrlich duftenden Humus in Händen halten.

Wie lang der Kompostiervorgang genau dauert, hängt vom jeweiligen Kompostgut ab.

Kompost ist das Ergebnis einer luftigen Verrottung und stinkt niemals. Natürlich kann Kompostieren aber auch schiefgehen. Dann entsteht durch Luftmangel Fäulnis.

Alles hängt mit den faszinierenden Prozessen zusammen, die in einem Komposthaufen ablaufen.

Was sich im Komposthaufen alles tut

Im Komposthaufen spielt sich Ähnliches ab wie im Boden: Milliarden von Kleinstlebewesen fressen und verdauen organische Abfälle zu humosem Kompost und vervielfältigen sich gleichzeitig dabei. Zu ihren Lebensbedingungen gehören neben dem »organischen Futter« Sauerstoff und Feuchtigkeit. Kommen diese drei Komponenten zusammen, so geschieht im Komposthaufen beste Verrottung. Im Detail läuft dieser Prozeß in drei Stufen ab.

1. Abbauphase (thermophile Phase): Gleich nach dem Aufsetzen fallen Bakterien über die Biomasse her. Sie bauen Eiweiß und einfache Kohlenhydrate ab, es entwickeln sich dabei Ammoniak und hohe Temperaturen bis zu 70 °C (→ Seite 89), die fast alle Krankheitskeime abtöten.

Strahlenpilze durchziehen den Kompost und verwerten Kohlenhydrate, manche auch das Ammoniak, das gebildet wurde. Damit verhindern sie, daß der Kompost stinkt und verleihen ihm den würzigen Erdgeruch. 5 Tage nach dem Aufsetzen klingt die heiße Phase ab. Nun werden bereits Gerüststoffe der Pflanzen (wie Cellulose) abgebaut. Der Komposthaufen beginnt zusammenzusacken.

2. Umbauphase (mesophile Phase): Etwa 2 bis 5 Wochen nach dem Aufsetzen der Miete machen sich Insekten wie Asseln, Milben und Springschwänze ans Werk, die mit ihren Beißwerkzeugen die Reste zerkleinern. In diesem Prozeß schwinden zunehmend die Lebensgrundlagen für Bakterien und Pilze, die damit zurückgehen. Die Temperatur im Komposthaufen sinkt auf 40 bis 25 °C.

3. Reifephase (Aufbauphase): Etwa 6 bis 14 Wochen nach Aufsetzen der Miete treten als letzte »Akteure« die Kompost- und Regenwürmer in Erscheinung. In ihrem Darm werden organische Stoffe und Tonminerale miteinander verbunden. Es entstehen Huminsäuren und die wertvollen Ton-Humus-Komplexe. Der Kompost färbt sich braunschwarz und wird zu Dauerhumus (→ Seite 52).

Wenn die Würmer den gesamten Kompost durchgearbeitet haben, finden sie keine Nahrung mehr und ziehen sich zurück. Für den Biogärtner bedeutet das: der Kompost ist fertig.

Kompost und seine Formen

Diesen unterschiedlichen Prozessen entsprechend unterscheidet man zwei Formen von Kompost:

Der reife Kompost ist erdig, dunkel und feinkrümelig, also Humus und damit reich an Nährstoffen, Spurenelementen und Ton-Humus-Komplexen, die für die Krümelstruktur des Bodens wesentlich mitverantwortlich sind.

Der halbreife (rohe) Kompost ist ein Produkt der 3. Verrottungsphase. Er ist noch nicht erdig, die Ton-Humus-Komplexe sind noch nicht enthalten. Es überwiegen die organischen Bestandteile. Dieser Kompost wird auch Mulchkompost genannt, er entspricht dem Nährhumus (→ Seite 52).

Der Kompostplatz läßt sich mit Blumen wunderschön in den Garten einbinden.

Das kommt mit in den Kompost

Kompost wird umso besser, je vielfältiger die kompostierten Abfälle sind. Darüber hinaus sollte man ihm Zusatzstoffe beimengen, die den Rottevorgang begünstigen und garantieren, daß er reich an Nährstoffen und Spurenelementen wird.
<u>Organischer Stickstoff</u> (zum Beispiel Hornmehl, Blutmehl, Oskorna oder tierischer Mist) muß hinzugefügt werden, wenn Sie Stroh, Pappe, Laub oder viel holziges Material mit in den Kompost geben. Bei gemischten Garten- und Küchenabfällen ist dies nicht nötig.
<u>Kalk</u> erhöht den pH-Wert und verstärkt den Verrottungsvorgang. Nehmen Sie grundsätzlich im Garten nur kohlensauren Kalk oder Algenkalk und gehen Sie sparsam damit um. Auf 1 m³ höchstens 1 Pfund Kalk ausstreuen.
<u>Wichtig:</u> Kalk darf nicht zugegeben werden, wenn Sie frischen Mist mitkompostieren.

<u>Stein- und Tonmehle</u> reichern den Kompost mit Spurenelementen an, Tonmehle liefern darüber hinaus Tonminerale.
<u>Reifer Kompost oder Gartenerde</u> wirkt wie Hefe und hilft, die Mikroorganismen direkt im Kompost anzusiedeln (Impfung).
<u>Mist</u> nur in dünnen Schichten zwischen den Lagen verteilen.
<u>Brennesseln, Comfrey</u> zwischen den Schichten beschleunigen die Rotte.

Gärtnern

Wohin mit der Kompostanlage?

Verbannen Sie die Anlage nicht in den abgelegensten Winkel Ihres Gartens. Sie werden viel dort zu tun haben, deshalb sollte die Kompostierstelle gut mit dem Schubkarren erreichbar sein: Abfälle müssen hintransportiert, der fertige Kompost von dort aus verteilt werden.

Der richtige Platz: Wählen Sie eine Stelle, die leicht beschattet und windgeschützt ist, damit der Kompost weder zu schnell austrocknet noch abkühlt. Keinesfalls aber die Anlage unter einem Baum oder gar einem Obstbaum anlegen. Falls nährstoffreiches Sickerwasser austritt, können die Gehölze davon schweren Schaden nehmen.

Jeder aufgesetzte Kompost braucht einen offenen Boden, damit die verschiedenen Bodenlebewesen zuziehen und abwandern können.

Günstig für die Gartenarbeit ist es jedoch, wenn die Wege zur Kompostanlage und der Platz darum herum mit Platten belegt sind. Darauf schieben sich bei nassem Wetter schwerbeladene Schubkarren viel leichter.

Mein Tip: Halten Sie vorsorglich einigen Abstand zum Nachbarn, falls einmal eine Rotte mißlingt, und es zu störendem Geruch kommt.

Kompostanlage

Zeichnung 1

Zumindest dreiteilig sollte eine Kompostanlage schon sein, besser aber noch größer. Die Zeichnung zeigt, wie so eine Anlage aussehen könnte. Das Baumaterial kann man variieren, entscheidend ist, daß sie folgende Elemente aufweist:

Sammelplatz (ganz rechts in der Zeichnung): Er muß groß genug sein, daß sperriges Kompostgut (wie Stengel und Äste) und nasse Abfälle aus Küche und Garten getrennt gelagert werden können. Wichtig ist es ferner, diesen Sammelplatz trocken zu halten, zum Schutz vor Regen und Schnee kann man ihn zum Beispiel mit Brettern oder Schilfmatten abdecken.

Kompostsilos: Ideal sind drei Plätze:

• Ein Platz für den fertigen Kompost, der gegenwärtig in Gebrauch ist.

• Ein Platz für den aufgesetzten Kompost, der gerade im Werden ist.

• Am dritten Platz wird ein weiterer Haufen aufgesetzt, aus den Abfällen, die sich laufend ansammeln.

Außerdem: In der Nähe der Kompostanlage sollte noch Platz sein

• zum Zerkleinern des groben Kompostguts; ein Hackstock leistet hier wertvolle Dienste,

• zum Mischen der verschiedenen Materialien,

• zum Umsetzen des halbfertigen Komposts – soweit nötig.

Wieviel Platz die gesamte Kompostieranlage letztendlich benötigt, hängt natürlich auch von der Größe des Gartens ab. Große Gärten bringen stattlichere Mengen an Abfällen hervor und benötigen auch viel mehr Kompostmenge.

1 Großzügige Kompostanlage mit Silos zum Ansetzen (links), Reifenlassen (Mitte) und »Ernten« von Kompost. Rechts die Sammelstelle.

Die Silos der Kompost-
anlage gibt es im Fach-
handel zu kaufen, sie
können aber auch aus
Backsteinen, Rundholz
oder Draht selbst gebaut
werden.
Achten Sie darauf, daß
die Silos luftig genug für
den Rotteprozeß sind und
daß man eine Seite öffnen
kann, um den Kompost
umzusetzen oder zu ent-
nehmen.

Kompostmiete
Zeichnung 2
Der traditionelle Kom-
posthaufen hat den größ-
ten Platzbedarf und ist
deshalb vor allem in
großen Gärten sehr be-
liebt.
Er ist 1,2 bis 1,5 m breit,
und mindestens ebenso
lang bei einer Höhe von
etwa 1 m.
Komposthaufen sehen
vielleicht nicht ganz so
gepflegt aus wie Silos,
haben aber eine Reihe
von Vorteilen:
Sie sind rundum von Luft
umgeben, was der Rotte
zugute kommt, und der
Gärtner tut sich leicht
beim Auf- und Umschich-
ten. Er spart nicht nur
Kraft und Zeit, sondern
auch Geld, weil er nichts
in Material zum Bau von
Silos oder in handelsferti-
ge Silos investieren muß.

Thermokomposter
Zeichnung 3
Dieser mit Styropor aus-
gekleidete Kompost-
behälter wird im Fach-
handel angeboten und
verspricht Schnellkompost
in 6 bis 8 Wochen. Aller-
dings müssen Sie Kom-
post-Starterflocken zu-
geben und in dieser Zeit
die Biomasse zwei- bis
dreimal umschichten und
neu durchmischen.

Die Kompostanlage:
kein Schandfleck
Leider werden Kompo-
stierstellen von den mei-
sten Menschen als reine
Arbeitsstätten betrachtet.
Dabei gibt es unzählige
Möglichkeiten, sie zu
einem fröhlichen, bunten
und dennoch nützlichen
Ort zu machen. Lassen
Sie Ihrer Phantasie freien
Lauf und experimentieren
Sie nach Lust und Laune.
Hier einige Anregungen:
Bepflanzen und beranken:
In Bauerngärten sieht
man Komposthaufen oft
mit Kürbissen oder bunter
Kapuzinerkresse bewach-
sen. Manche Biogärtner
lehnen dies ab, weil dem
Kompost gerade durch
Bepflanzen mit Starkzeh-
rern wie Kürbis, Zucchini
oder Gurken wertvolle
Nährstoffe entzogen wer-
den.
Gehölze als Nachbarn:
Aber warum soll man ihn
nicht auf andere Weise in
die Gartengestaltung ein-
beziehen.

*2 Kompostmieten brauchen Platz, ermöglichen aber
ein bequemes Arbeiten.*

Holunder, Forsythien und
Hortensien fühlen sich in
seiner Nähe wohl, setzen
Farbtupfer und spenden
Schutz.
Mit Blumenflor: Hübsch
machen sich Fingerhut,
Goldrute, Schafgarbe,
Stockmalve, Ringel- oder
Sonnenblumen als Beglei-
ter von Kompostanlagen.
Hinter »Sichtschutz-
hecken«: Natürlich lassen
sich Kompostanlagen
auch verstecken, zum Bei-
spiel hinter einer leben-
den Mauer aus Erbsen
und Stangenbohnen am
Gerüst, hinter Brombee-
ren oder einjährigen Klet-
terpflanzen wie Wicken,
Schwarzäugige Susanne.
Mein Tip: Gerne werden
Kompostanlagen auch
von Schnecken aufge-
sucht. Pflanzen Sie des-
halb in die direkte Nähe
von Komposthaufen
möglichst Pflanzen, die
diese verschmähen.

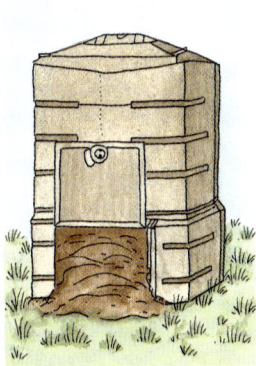

*3 In Thermokompostern
aus dem Fachhandel ver-
rotten Gartenabfälle zu
halbreifem Kompost in
6 bis 8 Wochen.*

Gärtnern

1 Garten- und Küchen-abfälle sammeln, an-schließend grobes und feines Material trennen.

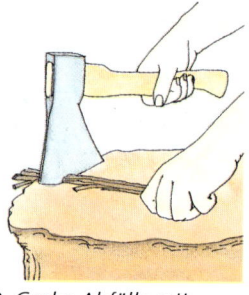

2 Grobe Abfälle mit Handbeil oder Häcksler zerkleinern.

Richtiges Kompostieren ist keine Kunst und weit weniger mühselig, als viele glauben. Wer dabei einige Grundregeln be-achtet, wird feststellen, daß er mit eigenem Kom-post wohlschmeckendes Obst und Gemüse sowie erstaunlich reiche Ernten gewinnt.

Das dürfen Sie kompostieren

Gartenabfälle wie Laub, Grasschnitt, Rasensoden, Zweige und Äste, Stauden- und Blumen-reste; alte Erde vom Um-topfen der Zimmer- oder Balkonpflanzen.
Küchenabfälle wie Kartof-felschalen, Gemüse, Obst, Eierschalen, Teebeutel und Kaffeesatz, Reste von Zimmer- und Schnitt-blumen.
Sonstiges wie Haare, Holzasche, Stroh, Mist, Holzspäne, Sägemehl.

Das darf nicht auf den Kompost

Fleisch-, Fisch- und Käse-reste, bedrucktes Papier, kranke Pflanzen, mit Kon-servierungsmitteln behan-delte Obstreste, Kohle und Kohlenreste, mensch-liche Fäkalien, unorgani-sche Stoffe.
Aus dem Garten keine Kohlstrünke komposti-ren, denn sie können die gefürchtete Kohlhernie verbreiten.
Auch abgeschnittene Himbeerruten gehören nicht auf den Kompost. Zu leicht verschleppt man damit die ansteckende Himbeerrutenkrankheit. Die Kohlstrünke trocknen lassen und zusammen mit den Himbeerruten ver-brennen!
Mein Tip: Eierschalen aus Legebatterien besser nicht auf den Kompost geben.

Kompostieren – schnell und sicher

Wer das, was gerade in Küche und Garten »ab-fällt« wahllos auf den Kompost gibt, kann höch-stens mit viel Glück nach einem Jahr oder noch später guten Humus »ernten«. Meist endet dieses Vorgehen jedoch in Mißerfolg und üblem Geruch. Denn statt einer geruchsfreien Verrottung kommt es zu stinkender Fäulnis.
Hier ein wenig aufwendi-ges, erprobtes Verfahren, das garantiert, daß Sie nach 6 Monaten reife Komposterde in Händen halten.

Kompostmaterial zusammentragen
Zeichnung 1
Groß- und kleinteiliges Kompostgut sammeln und in zwei Haufen trennen.
• Nasse Küchenabfälle ausbreiten, antrocknen lassen und mit Steinmehl bestäuben.
• Mindestens 1 m^3 Ab-fälle bis zum Aufsetzen sammeln.
• Alles vor Nässe schüt-zen, bei Regen mit Bret-tern luftig abdecken.

Grobe Teile zerkleinern
Zeichnung 2
Hacken Sie Äste, Stengel und große Blätter in etwa 5 cm große Stücke. Wer die Möglichkeit hat, kann sie auch in einem Häcksler zerkleinern.

3 Vor dem Aufsetzen des Komposthaufens, grobe und feine, trockene und feuchte Abfälle mischen.

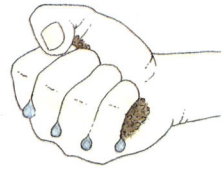

4 Kompost-Masse in Faust pressen. Fällt sie auseinander, ist sie zu trocken; zeigen sich Tropfen, ist sie zu naß. Behält sie Ballform, stimmt die Feuchtigkeit.

Kompostmaterial mischen
Zeichnung 3
Sobald die nötige Menge für das Aufsetzen beisammen ist, mischen Sie grobe und feine, trockene und feuchte Abfälle gut durch.

Faustprobe machen
Zeichnung 4
Auf diese Weise können sie prüfen, ob der Feuchtigkeitsgehalt stimmt. Nasses Material entwickelt beim Verrotten zu wenig Wärme, trockenes zu viel.
• Nehmen Sie eine Handvoll Kompostgut und pressen Sie es zusammen.
• Perlen Tropfen heraus, so ist es zu naß. Sie müssen es mit trockenem Kompostgut vermischen, zum Beispiel mit Sägespänen, zerkleinerten Ästen, unbedruckten Kartonfetzen.
• Fällt es auseinander, dann ist es zu trocken. Übergießen Sie es mit etwas Wasser.
• Läßt es sich zu einem Kloß formen, stimmt die Feuchtigkeit. Sie können dieses Material sofort aufsetzen.

Komposthaufen aufschichten
Zuerst an der Stelle, die fürs Aufsetzen des Komposts vorgesehen ist, den Boden lockern. Dazu mit der Grabgabel alle 20 cm in den Boden stechen und sie vor- und rückwärts bewegen. Der Boden wird durchlüftet und gelockert, was die Rotte beschleunigt.
Die Schichten werden wie folgt aufgesetzt:
1. Zuunterst eine 15 cm hohe Schicht aus groben Abfällen ausbreiten.
2. Darauf 10 bis 15 cm hoch gemischtes Material verteilen.
3. Mit Steinmehl, Algenkalk und Hornmehl überstäuben und mit der Grabgabel untermischen. Wird frischer Mist zugegeben, keinen Algenkalk nehmen.
4. Einige Schaufeln reife Komposterde darauf verteilen. Man nennt dies »impfen«, weil damit unzählige Mikroorganismen auf das Kompostgut gebracht werden, die sofort mit dem Verarbeiten beginnen. Die Alternative: Komposterflocken (im Fachhandel) als Starthilfe untermischen.

Die Schichten 2 bis 4 weiter Lage für Lage aufsetzen, bis die Miete etwa 1 m hoch ist.

Komposthaufen abdecken
Zeichnung 5
Das ist nötig, um den Komposthaufen vor Kälte, Wind, Hitze, Austrocknung, Regen und damit vor Abschwemmung und Nährstoffauswaschung zu schützen. Geeignet sind Stroh, Laub, Grasschnitt, Rhabarberblätter, alte Säcke oder Schilfmatten. Keine Plastikfolie verwenden, darunter kann sich Schwitzwasser bilden.

Temperatur messen
Zeichnung 6
Stecken Sie in den Komposthaufen ein Stab-Thermometer. In den beiden ersten Tagen nach dem Aufsetzen werden sich Temperaturen bis zu 60 oder 70 °C bilden. Nach 2 weiteren Tagen gehen sie zurück. Bei kleinen Komposthaufen bleibt die Temperatur niedriger.
Steigt sie über 70 °C an, müssen Sie den Komposthaufen mit einigen Gießkannen voll Wasser übergießen und abkühlen.

Komposthaufen umsetzen
Wenn der Haufen deutlich zusammengesunken ist und die Temperatur auf etwa 20 °C gesunken ist, sollten Sie die Miete umsetzen und zwar so, daß Äußeres und Inneres ausgetauscht wird. Dies heizt die Temperatur und damit die Verrottung noch einmal kräftig an. Wenn Sie aufs Umsetzen verzichten, schaden Sie dem Kompost nicht, die Rotte dauert dann jedoch bis zu 12 Monaten.

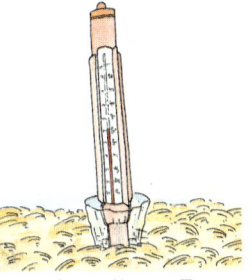

6 Die Verrottungs-Temperatur läßt sich mit einem Stab-Thermometer beobachten. Steigt sie über 70 °C, den Komposthaufen mit kaltem Wasser übergießen.

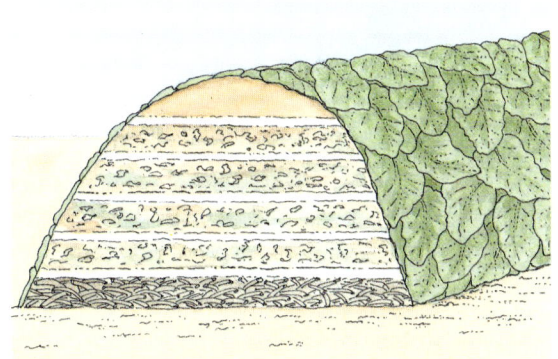

5 Den fertigen Komposthaufen vor Regen und Kälte schützen, zum Beispiel mit Rhabarberblättern.

Buchenlaub (links) läßt sich wunderbar kompostieren, in der Mitte halbreifer, rechts reifer Kompost.

Kompost braucht Pflege

Sowohl angesetzter als auch reifer Kompost muß pfleglich behandelt werden, damit seine Nährstoffe nicht in tiefere Schichten ausgewaschen werden oder die Rotte gestört wird.

Im Sommer bei langanhaltender Trockenheit überprüfen Sie am besten den Feuchtigkeitsgehalt im Inneren des Haufens (→ Faustprobe, Seite 88/89).

Notfalls mit abgestandenem Regenwasser oder Brennesseljauche übergießen.

Im Spätherbst muß der Kompost winterfest gemacht werden. Dazu deckt man ihn zusätzlich mit Fichtenreisig ab, das dachziegelförmig angeordnet wird, so daß Regen und Schneewasser daran ablaufen. Reifer Kompost sollte wie aufgesetzter beschattet und feucht gehalten werden. Man deckt ihn ab (→ Seite 89) oder besät ihn dicht mit rankender Kapuzinerkresse.

Der Reifetest

»Wann weiß ich mit Gewißheit, daß mein Kompost wirklich reif ist?«, fragen Anfänger immer wieder. Dies ist leicht zu erkennen, denn durch und durch reifer Kompost bietet Würmern keine Lebensgrundlage mehr, so daß sie ihn verlassen. Wer ganz sicher gehen will, kann dies auch mit einem kleinen Test herausfinden:

• Entnehmen Sie 10 bis 12 Wochen nach dem Aufsetzen eine Kompostprobe und füllen Sie sie in ein Gefäß.

- Kresse-Samen aussäen, etwas in die Erde drücken und besprühen.
- Eine durchsichtige Folie über das Gefäß ziehen und die Aussaat hell bei 15 bis 25 °C aufstellen.
- Nach 2 bis 3 Tagen soll die Saat aufgegangen sein.
- Wenn nach 6 Tagen die Blättchen immer noch grün sind und die Wurzeln sich nicht braun oder violett verfärbt haben, ist der Kompost reif.
- Vergilben die Pflänzchen oder verfärben sich die Wurzeln, ist der Kompost noch roh.

Komposterde richtig verwenden

Jede Kompostgabe fördert das Bodenleben. Bedenken Sie jedoch, daß biologisch wenig aktive Böden auch durch hohe Kompostgaben nicht gleich kuriert werden. Durch Pflanzenschutzmittel oder andere Gifte gestörte Böden müssen erst langsam wieder regeneriert und belebt werden. Dies ist besonders bei der Umstellung auf naturgemäßes Gärtnern zu bedenken. Wappnen Sie sich also mit Geduld, und geben Sie Ihrem Boden Zeit. In diesen Fällen bewirken 2 bis 3 mäßige Kompostgaben im Jahr mehr als einmaliges Verteilen großer Mengen.

Reifer Kompost kann überall im Garten ausgebracht werden. Sieben Sie ihn grundsätzlich ab. Mit den groben Rückständen können Sie den nächsten Kompost impfen.
- Soll er den Boden aktivieren, genügen kleinere Mengen, die nie tiefer als 5 bis 10 cm eingearbeitet werden.
- In größeren Mengen dient reifer Kompost der Verbesserung der Bodenstruktur. So mischt man ihn zum Beispiel beim Einpflanzen von Gehölzen unter die Pflanzerde, damit diese gelockert wird.

- Beim Einpflanzen von Gemüse gibt man eine Pflanzschaufel voll Kompost ins Pflanzloch.
- Beim Aussäen schwören manche Gärtner auf das Erfolgsrezept, die Saatrillen fein mit Kompost auszukleiden.
- Reifer Kompost eignet sich auch als Aussaat-Substrat, wenn er zur Hälfte mit Sand oder gesiebter Gartenerde vermischt wird.

Mein Tip: Lassen Sie reifen Kompost nie unbedeckt auf dem Beet. Die Mikroorganismen darin sind an die Verhältnisse innerhalb des Komposthaufens gewöhnt und brauchen sie zum Leben. Schutzlos Sonne, Wind und Regen ausgeliefert, sterben sie ab. Zum Abdecken sind alle Mulchmaterialien (→ Seite 77) geeignet.

Halbreifer Kompost wird auch Mulchkompost nach seiner Verwendung genannt.
Er bleibt wie eine Mulchschicht auf dem Beet liegen, kann aber auch ganz leicht in die oberste Bodenschicht eingearbeitet werden. Er ist reicher an Nährstoffen als reifer Kompost.
Besonders gut eignet er sich
- als Mulch und Düngung unter Beerensträuchern nach der Ernte,
- als Mulch und Düngung auf Obstbaumscheiben,
- als dünner Mulch zwischen Starkzehrern wie Tomaten, Kohl, Paprika, Gurken und Zucchini, die danach keine weitere Düngung benötigen.
- Sehr zu empfehlen ist sein Einsatz im Herbst nach der Bodenbearbeitung (→ Seite 55).
Dann etwa 3 cm hoch halbreifen Kompost auf dem Beet verteilen und leicht einrechen. Anschließend das Beet mit Stroh, Laub oder ähnlichen Materialien abdecken.

Kompostwasser ist eine Spezialbehandlung für tragmüde Obstbäume. Im Frühjahr eine Schaufel reifen Kompost in einen 10-Liter-Eimer geben und mit Regenwasser aufgießen. Gut umrühren, einige Stunden stehen lassen und nochmals umrühren. Diesen Dünger gleichmäßig über die Baumscheibe ausgießen.

Spezialkomposte

Neben dem Misch-Kompost können Sie auch bei Bedarf eine Reihe von Spezialkomposten herstellen, die oft nur für ganz bestimmte Zwecke geeignet sind. Hier einige der wichtigsten:

Laubkompost braucht 1 Jahr und läßt sich überall im Garten verwenden. Geeignet sind fast alle Blätter, bis auf die von Kastanien, Platanen und Walnuß, weil sie zu viele Gerbstoffe enthalten.

Mistkompost muß mit 1/5 Erde angesetzt werden und sollte nur Starkzehrern verabreicht werden.

Rasensoden verrotten langsam, werden aber zu hochwertigem Humus.

Rindenkompost läßt sich aus verschiedensten Rinden herstellen, braucht aber mit Umsetzen mindestens 1 Jahr.

Kleine Helfer im Biogarten

Wie oft frequentieren Krabbel- und Kriech-tiere genau die von uns sorgsam gehegten Pflanzen im Garten. Man nennt sie deshalb Schädlinge und ist schnell geneigt, Ihnen mit allen Mitteln den Garaus zu machen. Auch der Biogärtner möchte die Früchte seiner Mühen selbst ernten. Aber Vernichtung steht deshalb noch lange nicht auf seinem Programm. Er schützt seine Pflanzen, indem er verhindert, daß Schädlinge in Massen über sie herfallen. Helfer dabei sind viele Nützlinge.

Der Kräutergarten, ein duftender Lebensraum, der zahlreichen Nützlingen schnell zur Heimat wird. Die zierlichen Blüten und ihre Lockstoffe ziehen Bienen, Schmetterlinge und Schwebfliegen an – und so manches Kräutlein läßt sich darüber hinaus zur Abwehr von Schädlingen verwenden.

Schützen

Mit Schädlingen leben

Kein Tier wird als »Schädling« oder »Nützling« geboren, es wird von uns Menschen dazu erklärt. Jedes ist – wie auch das Lebewesen Mensch – eingebunden in einen artspezifischen Lebenszyklus, der auf den Grundpfeilern von Fressen und Gefressenwerden ruht:

• Durch Fressen vernichten alle Lebewesen anderes Leben, sei es in pflanzlicher oder tierischer Form.

• Durch Gefressenwerden bilden sie die Lebensgrundlage für andere Lebewesen.

Auf einen Nenner gebracht: Damit Leben leben kann, muß es sich anderes Leben einverleiben. Nach diesem Prinzip reguliert die Natur sich selbst. Das heißt aber nicht, daß sie sich deshalb stets in einem harmonischen Gleichgewicht befindet. Vielmehr sind alle Prozesse in der Natur ein ständiges Hin- und Herpendeln um diese goldene Mitte des Gleichgewichts aller Kräfte. Dazu ein Beispiel: Marienkäfer gelten als Nützlinge, weil sie und ihre Larven sich primär von Blattläusen ernähren. Blattläuse hingegen gelten als Schädlinge, weil sie sich oft vom Saft der Pflanzen ernähren, die wir zu unserem Verzehr ausersehen haben und deshalb sorgsam hegen. Geht der Mensch nun mit der Giftspritze gegen Blattläuse vor, nimmt er auch Marienkäfern die Lebensgrundlage. Ohne diese Freßfeinde haben es die nächsten Blattlaus-Generationen leicht und werden wieder prächtig zuschlagen. Erst als Folge darauf kann der Gärtner damit rechnen, daß auch Marienkäfer zuwandern, denn nun finden sie einen reich gedeckten Tisch. Dieses Beispiel ist aber nur ein mikroskopisch kleiner Ausschnitt aus einem unendlich vielschichtigen Netz gegenseitigen Verwobenseins.

Pflanzen naturgemäß schützen

Obiges Beispiel läßt die Grundregeln des biologischen Pflanzenschutzes verstehen:

1. Mit der Natur arbeiten: Versuchen Sie Lebenszusammenhänge in der Natur für sich zu nutzen, statt sie zu bekämpfen und zu zerstören. Denn der Mensch ist ein Teil der Natur und kann nur in und mit ihr überleben.

2. Vielfalt muß sein: Sorgen Sie für pflanzliche Vielfalt im Garten, damit dort möglichst viele Tiere einen Lebensraum finden. Je größer die Vielfalt, desto stabiler ist das ökologische Gleichgewicht im Garten. Pflanzen Sie deshalb vorwiegend heimische Gewächse, denn auf sie ist die heimische Tierwelt spezialisiert. Die aus Fernost stammende Forsythie oder die beliebte Thuja (Lebensbaum) zum Beispiel haben keinem heimischen Lebewesen irgendeine Nahrung zu bieten.

3. Mit Schädlingen leben: Seien Sie gelassen, wenn sich unliebsame Gäste im Garten zeigen und nehmen Sie kleine Beeinträchtigungen in Kauf. Einige Blattläuse müssen sein – ohne sie gibt es auch keine Nützlinge in Ihrem Garten.

Schutz auf Gegenseitigkeit – Möhren und Zwiebeln wehren einander

4. Abwehren statt vergiften: Wenn Schädlinge sich allerdings massenhaft vermehren, muß etwas gegen sie getan werden. Dies ist dann aber auch immer ein deutlicher Hinweis dafür, daß das Gleichgewicht im Garten gestört ist. Dann sind nicht nur Maßnahmen zur Schädlingsabwehr angebracht (→ Seite 98 bis 103), sondern alles, was den Boden verbessert, die Pflanzen kräftigt und die Lebensmöglichkeiten für die Tierwelt erweitert.

5. Kein Gift im Biogarten: Pflanzen können nicht nur von Schädlingen, sondern auch von Krankheiten befallen werden. Gehen Sie nie mit synthetisch hergestellten Giften dagegen vor! Sie zerstören damit unendlich viele Regelkreisläufe. Gegen pilzliche Erkrankungen können Sie mit natürlichen Mitteln vorbeugen und vorgehen. Gegen Viruserkrankungen und Bakteriosen hilft nur Entfernen der Pflanzen und Verbrennen.

Vorbeugen ist der beste Schutz

Augen auf beim Kauf! Nehmen Sie nur gesunde Pflanzen, sie sind widerstandsfähiger gegen jede Art von Befall als schwächliche.

Guter Boden, optimaler Standort und beste Pflege sorgen dafür, daß die Pflanzen beste Wachstumsbedingungen vorfinden.

Mischkultur ist ein heilsames Pflanzrezept. Sie verhindert, daß sich Schädlinge und Krankheiten explosionsartig ausbreiten, wie dies in Monokulturen der Fall sein kann. Besonders günstig sind Nachbarpflanzen, deren Stoffwechselprodukte ganz bestimmte Schädlinge oder Pilze abwehren (→ Seite 27).

Kompostieren Sie nur gesunde Pflanzen, damit Krankheiten nicht über die Komposterde ins Beet gelangen.

Regelmäßige Pflanzen-Checks haben gleich zwei Vorteile: Sie leisten sich öfter einen beschaulichen Gang durch den Garten. Dabei werfen Sie einen prüfenden Blick auf die Pflanzen und können so befallene Pflanzenteile rechtzeitig entdecken und entfernen.

Neue Lebensräume schaffen, indem Sie für verschiedene Klein-Biotope in Ihrem Garten sorgen, damit sich möglichst viele verschiedene Tiere bei Ihnen einfinden (→ Seite 96/97).

Mechanischer Pflanzenschutz

Hier einige bewährte Maßnahmen, gegen Schädlinge:

• Absammeln von Käfern, Raupen oder Schnecken geschieht am besten abends, weil sich viele Kleintiere erst dann zeigen.

• Netze und Vliese sorgen dafür, daß Gemüsefliegen und Kohlweißlinge ihre Eier nicht an den Pflanzen ablegen können.

Über Beerensträuchern und Obstbäumen verhindern sie Vogelfraß. Grundsätzlich müssen die Netze bis zum Boden reichen, damit sich die Vögel in ihnen verfangen können.

• Pflanzenkragen aus Kunststoff oder Pappe halten verschiedene Schädlinge ab (hindern zum Beispiel Kohlweißlinge an Eiablage), aber keine Schnecken.

• Leimringe, im September um Obstbaumstämme geheftet, verhindern, daß Frostspanner-Weibchen auf Obstbäume klettern, um dort ihre Eier abzulegen.

• Vogelscheuchen oder bewegliche glitzernde Gegenstände wie Stanniolstreifen verschrecken Vögel.

• Stäuben ist eine recht erfolgreiche Abwehrmethode. Steinmehle wirken gegen Läuse, Erdflöhe, Schnecken, Holzasche hält Läuse ab. Beides wirkt vorbeugend gegen Pilzkrankheiten. Zum Stäuben gibt es im Fachhandel spezielle Geräte. Der beste Zeitpunkt dazu ist der frühe Morgen, wenn die Pflanzen noch feucht von Tau sind und den feinen »Staub« halten. Allerdings muß nach jedem Regen, der ihn abgewaschen hat, erneut gestäubt werden.

Zwiebel- und Möhrenfliege ab.

Die unsichtbaren Helfer

Daß Vögel, Igel und Marienkäfer wertvolle Helfer im Garten sind, weiß heute fast jeder. Wer aber bedenkt schon, daß unser aller Leben von den winzig-kleinen, teils unsichtbaren Nützlingen im Boden abhängt (→ Seite 8/9), die ununterbrochen daran arbeiten und seine Fruchtbarkeit dabei erhöhen. Ohne sie ist menschliches Leben nicht denkbar, denn wir und die Tiere, von denen wir leben, wären ohne Nahrungsgrundlage. Die Hege und Pflege dieser Nützlinge heißt Bodenpflege und -verbesserung, und es versteht sich von selbst, daß man aus diesem Grund keine synthetischen Gifte oder Dünger in den Boden bringen sollte.

Marienkäfer

Weltweit gibt es an die 4000 Arten und von fast jeder noch unzählige Formen.
Nahrung: Mehr als zwei Drittel aller Marienkäfer leben von Blattläusen, wobei sich die meisten Arten auf ganz bestimmte Blattlausarten spezialisiert haben.
Eine Larve (blau mit gelben Punkten) verzehrt in ihrer Lebenszeit (1 bis 2 Monate, je nach Art) bis zu 600 Blattläuse.
Tips zum Schutz: Zum Brüten Brennesseln und Comfrey anbauen. Marienkäfer überwintern nur einmal, dafür Laub- oder Reisighaufen oder Holzklötze mit Bohrlöchern im Garten anlegen. Viele suchen im Winter menschliche Behausungen auf. Wenn möglich, sollte man sie dort in kühlen Räume überwintern lassen.
Im Frühjahr keine Austriebsspritzung vornehmen, die Frühjahrsgeneration der Käfer sowie ihre Nahrungsgrundlage werden dabei getötet.

Igel-Fertighaus zum Überwintern.

Maulwürfe sind geschützt.

Florfliegen

Die Elfen unter den Insekten mit goldenen Augen und schillerndgrünen Flügeln legen ihre Eier gern inmitten von Blattlauskolonien ab. Man erkennt sie gut, weil sie an Stielen sitzen.
Nahrung: Florfliegen ernähren sich primär von Blütenpollen. Ihre gefräßigen Larven bringen es in ihrer Lebenszeit bis zu 500 Blattläusen.
Tips zum Schutz: Wie Marienkäfer (→ links).

Laufkäfer

Die sehr beweglichen Jäger besitzen glänzende Flügeldecken. Von den 25000 Arten sind viele dämmerungs- oder nachtaktiv.
Nahrung: Käfer und Larven verspeisen pflanzenschädigende Insekten, Würmer, Raupen und Schnecken, deren Gehäuse sie knacken können.
Tips zum Schutz: Haufen aus Laub, Holz oder Steinen als Lebensraum anbieten. Nicht aus Unwissenheit töten. Die Käfer sind aufgrund chemischer Schädlingsbekämpfung stark gefährdet.

Schwebfliegen

Sie sind etwas kleiner als Wespen, besitzen aber eine ähnliche Zeichnung. Dabei sind sie in mehrfacher Weise sehr nützlich.
Nahrung: Erwachsene Tiere ernähren sich von Blütenstaub und bestäuben dabei vor allem auch Obstbäume. Ihre Larven fressen bis zur Verpuppung bis zu 500 Blattläuse.
Tips zum Schutz: Nicht mit Wespen verwechseln und töten! Zum Überwintern mehrere etwa 30 cm lange, hohle Stengel (zum Beispiel von Schilf oder Holunder) zusammenbinden. Alternative: Einen Holzklotz mit Bohrlöchern (Durchmesser 2 bis 10 mm, Tiefe etwa 10 cm) versehen. Beides regengeschützt und waagrecht aufhängen. Keine Austriebsspritzungen im Frühjahr!

Schlupfwespen

Die winzigen Insekten (5 bis 30 mm) legen ihre Eier in lebende Blattläuse, in Eier oder Raupen des Kohlweißlings oder des Apfelwicklers. Die schlüpfenden Larven fressen ihren Wirt von innen auf.
Diese Nützlinge sind auch im Fachhandel erhältlich und können zwischen Obstbäumen oder Kohlpflanzen aufgehängt werden.

Vögel brauchen zur Aufzucht jährlich bis zu 30 kg Insekten.

Igel

Nachts kann man die putzigen Stachelhäuter schmatzend und schnaufend im Garten hören, dann sind sie auf Jagd.

Nahrung: Schnecken, Raupen, Draht- und Regenwürmer sowie Insekten aller Art, auch Eier und Nestlinge bodenbrütender Vögel.

Tips zum Schutz: Wenn Sie wissen, wo ein Igel im Garten wohnt, lassen Sie ihn in Ruhe. Sorgen Sie dafür, daß er den Sommer über Wasser vorfindet und geben Sie ihm zum Überwintern einen Laub- oder Reisighaufen oder ein konfektioniertes Igelhaus aus dem Fachhandel. Weder Schneckengift noch sonstiges Gift ausbringen!

Vögel

Sind beliebte Helfer bei der Insektenbekämpfung und erfreuen durch ihren Gesang.

Nahrung: Insekten sowie deren Eier und Larven, Würmer, Wildfrüchte und Samen.

Tips zum Schutz: Keine Insektizide verwenden! Sie würden damit Ernährung und Jungenaufzucht gefährden. Wichtig sind Wildhecken, Wildsträucher und Bäume zum Nisten und zur Futtersuche. Bäume mit einem Katzenabwehrgürtel umgeben! Künstliche Nistkästen für höhlen- und halbhöhlenbrütende Vögel anbieten.

Im Sommer Vogeltränken vorsehen, im Winter artgerecht füttern.

Mein Tip: Wenn Vögel gelbe Krokusse zerhacken oder über Kirschen herfallen, dann stillen sie damit häufig ihren Durst. Geben Sie ihnen regelmäßig Wasser in sauberen Gefäßen.

Blindschleichen, Eidechsen, Kröten und Frösche

Sie sollten willkommene Gäste im Garten sein, denn sie zählen mit zu den hartnäckigsten Schnecken-Vertilgern.

Nahrung: Nacktschnecken, Raupen, Würmer und Insekten.

Tips zum Schutz:
• Blindschleichen leben gern im Komposthaufen.
• Frösche und Kröten mögen das feuchte Laub unter Wildhecken. Und sie brauchen Wasser in der Nähe, zum Beispiel einen Gartenteich.
• Eidechsen lieben sonnige Trockenmauern, sind aber auch schon mit einem locker aufgeschichteten Steinhaufen in einer möglichst ungestörten Ecke des Gartens zufrieden.

Maulwürfe

Auch wenn ihre fleißige Wühlarbeit so manchen Rasen zur Kraterlandschaft macht – Maulwürfe stehen unter Naturschutz und dürfen nicht getötet werden! Die Tiere schuften unermüdlich, weil sie täglich soviel fressen müssen, wie sie wiegen.

Nahrung: Nacktschnecken, Asseln, Spinnentiere, kleine Mäuse, Maulwurfsgrillen, Engerlinge, aber auch Regenwürmer.

Tips zum Schutz: Weder fangen noch töten. Versuchen Sie bei anderen Verständnis für diese nützlichen, bedrohten Tiere zu wecken.

Was tun gegen Schnecken?

Rote Wegschnecken können bis zu 15 cm lang werden.

Die Schnecken im Garten

Den größten Schaden richten Nacktschnecken an, allen voran die großen rotbraunen und schwarzen Wegschnecken, die grau-beigen Ackerschnecken und die schwarzen Tauschnecken. In Scharen auftretend können auch die kleineren Gehäuseschnecken im Gemüsebeet wüten.
Die Weinbergschnecken mit ihren großen Häusern zählen zu den Nützlingen! Sie fressen die Eier der Nacktschnecken.

Schnecken absammeln

Dies ist sicher nicht die bequemste Methode, aber bei regelmäßiger Anwendung nicht ganz erfolglos. Nützlich dabei sind Gummihandschuhe oder Greifzangen wie Kohlen- oder Gebäckzangen.
Nachts sind die Tiere am Werk. Wer mit der Taschenlampe sucht, hört die Freßgeräusche der Schnecken und muß ihnen nur nachgehen.
Tagsüber ist das Absammeln weniger beschwerlich. Zum »Sammel-Erfolg« verhelfen schneckenfreundliche Orte, die Tiere suchen bei Tag nämlich Schutz vor Austrocknung. Legen Sie also Bretter, Säcke, Pappkartons, Rhabarberblätter oder ähnliches aus. Sie können dann darunter die Schnecken absammeln.
Bei Regen können Sie Tag und Nacht auf Jagd gehen, denn die Schnecken lieben feuchtes Wetter. An der Kompostsammelstelle sind immer viele Schnecken zu finden. Vermutlich zieht sie der welkende Geruch des Kompostguts an.
Erst ködern, dann fangen. Nach dieser Devise lassen sich größere Mengen von Schnecken einsammeln. Legen Sie abends – möglichst nicht in Beetnähe – Köder aus, wie angewelkte Salatblätter, Scheiben von rohen Kartoffeln oder Bananenschalen. Dies zieht Schnecken magisch an. Bei anbrechender Dunkelheit oder am frühen Morgen können Sie die Tiere in großen Mengen fangen.
Was tun mit den Schnecken? Die Tiere nach dem Einsammeln in den Wald hinauszutragen, ist sicher ein löbliches Unterfangen. Doch wer hat die Zeit dazu? Die schnellste Methode ist das Überbrühen mit kochendem Wasser. Die Schnecken sind sofort tot. Auf keinen Fall Salz nehmen, das ist böse Tierquälerei.

Schnecken abwehren

Dies ist weniger zeitintensiv und teilweise sehr wirksam.
Schneckenzäune mit Knick sind im Fachhandel erhältlich, bestehen aus Weißblech oder Kunststoff und haben einen scharf nach außen geknickten Rand, den Schnecken nicht überwinden können. Sie sind recht teuer, bewähren sich aber bestens viele Jahre lang. Wichtig bei Kauf und Anbringung:
• Höhe mindestens 30 cm.
• Zaun so in der Erde befestigen, daß Wegschnecken, die bis zu 15 cm lang werden können, ihn nicht überwinden.
• Darauf achten, daß Gras- oder Unkrauthalme kurz bleiben, damit sie nicht zur Brücke über den Schneckenzaun werden.
Elektrische Schneckenzäune werden aus Batterien gespeist. Sie versetzen Schnecken, die sie überkriechen wollen, einen leichten Stromstoß, der sie das Weite suchen läßt.
Natürliche Barrieren wie Algenkalk, Holzasche, Sand, Sägemehl, Gerstenstreu oder Steinmehl halten die Tiere ab – sie wirken allerdings nur bei trockenem Wetter. Man streut sie um die einzelnen Pflanzen oder ums Beet. Nach einem Regenschauer muß diese Abwehr wieder erneuert werden, was sich nicht immer vorteilhaft auf den Boden auswirkt.
Duftbarrieren. Schnecken können den Geruch von Holunder, Rainfarn, Schafgarbe, Thuja und Tomaten nicht ausstehen. Als Mulchschicht auf dem Beet werden sie für die Tiere zum Duft-Stop.

Schneckenfallen

Gern verwenden Gärtner die sogenannten Bierfallen. Es gibt sie im Fachhandel, sie lassen sich aber auch leicht selbst bauen. Einen tiefen Plastikbecher bodeneben eingraben und nicht ganz voll mit Bier füllen. Das Malz- und Hopfenaroma zieht Schnecken geradezu magisch an. Sie fallen hinein und ertrinken. Die Becher müssen vor Regen geschützt, täglich geleert und neu gefüllt werden.

Wühlmäuse identifizieren!

Da Wühlmäuse und auch Maulwürfe kleine Hügel aufwerfen, muß man sie voneinander unterscheiden können. Denn Maulwürfe stehen unter Naturschutz. Maulwürfe fressen keine Pflanzen,. Ihre unterirdischen Gänge sind im Querschnitt breit-oval , sie sind etwa 5 bis 6 cm breit und 4 bis 5 cm hoch. Wer einen Maulwurfshügel abträgt, kann feststellen, daß vom Hügel aus die Verbindung zum unteren Hauptgang senkrecht verläuft.

Wühlmäuse fressen mit Vorliebe Zwiebeln, Knollen und Wurzeln der Pflanzen. Wenn Pflanzen plötzlich welken und umsinken, so ziehen Sie probeweise daran. Meist lassen sie sich vom Beet abnehmen, weil eine Wühlmaus die Wurzeln verspeist hat.

Es gibt aber noch andere Hinweise auf diese Tiere. Wühlmäuse schütten im Unterschied zu Maulwürfen nur flache Hügel auf. Von diesen Hügeln aus verläuft die Verbindung zum Hauptgang immer schräg nach unten. Wer einmal einen Wühlmaus-Gang freilegt, kann noch ein grundsätzliches Unterscheidungskriterium zum Maulwurf erkennen: Der Gang ist frei von Wurzeln und hat im Querschnitt eine hoch-ovale Form, ist etwa 5 cm breit und 6 bis 8 cm hoch. Nachdem Sie ihn freigelegt haben, wird er innerhalb kürzester Zeit wieder von der Wühlmaus zugeschüttet.

Feldmäuse lassen sich kaum mit Wühlmäusen und Maulwürfen verwechseln. Sie werfen keine Hügel auf. Ihre Gänge gehen direkt von der Erdoberfläche aus

nach unten, sind sehr zahlreich und im Querschnitt rund. Ihr Durchmesser beträgt 3 bis 4 cm.

Wühlmäuse vertreiben

Bevor Sie zu härteren Maßnahmen greifen, sollten Sie erst einmal ausprobieren, ob nicht auch einfachere Tricks bereits wirkungsvoll greifen. Wühlmäuse sind sehr geruchsempfindlich und meiden Orte mit störenden Gerüchen.

Abwehrpflanzen zum Beispiel sind recht erfolgversprechend: Legen Sie Blätter der Abwehrpflanzen in die Gänge. Bewährt haben sich hierfür Thuja, Nußbaum, Holunder, Rosenlorbeer sowie Knoblauchzehen. Umpflanzen Sie den Garten oder die Beete mit Abwehrpflanzen. Wühlmäuse meiden Anpflanzungen, die von Schwarzen Johannisbeeren, Kaiserkronen, Hundszunge, Wolfsmilch und Knoblauch umrahmt sind.

Andere stinkende Stoffe wie Brennnessel- oder Holunderjauche, mit Petroleum getränkte Lappen, Fischköpfe sollen die Wühlmäuse ebenfalls zur Flucht verleiten.

Durch Lärm vertreiben ist eine etwas unsichere Methode, die auf die Geräuschempfindlichkeit der Tiere abzielt. Man schlägt dazu eine Eisenstange in einen Wühlmausgang und pocht mehrmals täglich mit einem Hammer darauf. Die Druckwellen können Wühlmäuse vertreiben, wenn man nur ausdauernd genug ist.

Mein Tip: Die meisten Blumenzwiebeln und -knollen sind bei Wühlmäusen besonders begehrt. Um sie zu schützen, setzt man sie am besten in spezielle Pflanzkörbe aus Draht oder Kunststoff (im Fachhandel erhältlich).

Was tun gegen Wühlmäuse?

Wühlmäuse lieben Wurzeln, Zwiebeln und Knollen von Pflanzen.

Wühlmäuse fangen

Katzen sind nach wie vor unübertroffene Mäuse-Spezialisten. Solange in Ihrem oder in Nachbars Garten Katzen leben, werden Wühlmäuse vermutlich nicht überhand nehmen.

Wühlmaus-Fallen sollten Sie nur einsetzen, wenn Sie ganz sicher sind, daß Sie damit keinen geschützten Maulwurf fangen. Im Fachhandel gibt es verschiedene Modelle. In Spannbügelfallen werden die Tiere mit Hilfe eines Köders (zum Beispiel Möhren- oder Selleriestückchen) getötet, in Röhrenfallen lebend eingesperrt. Die Fallen müssen unbedingt täglich kontrolliert werden, lebend gefangene Wühlmäuse werden am besten im Wald ausgesetzt.

Mein Tip: Wühlmäuse sind äußerst empfindlich gegenüber menschlichem Geruch. Ziehen Sie deshalb beim Aufstellen der Fallen Handschuhe an, die Sie zuvor mit Erde einreiben.

Schützen

Von der Natur leben – mit ihr teilen

Reagieren Sie nicht panisch beim Anblick einiger Blattläuse, und greifen Sie schon erst recht nicht gleich zur Giftspritze. Diese Tiere sind ein wichtiger Bestandteil im natürlichen Gleichgewicht Ihres Gartens. Teilen Sie Ihr Obst und Gemüse mit ihnen, so lange sie sich in Grenzen halten. Etwas anderes ist es natürlich, wenn Krankheiten oder Schädlinge gehäuft oder gar epidemieartig über Obst, Gemüse oder Blumen hereinbrechen. Dann sollten Sie sofort handeln, denn es zeigt auch, daß die natürliche Ordnung im Garten gestört ist.

Krankheit oder Schädlingsbefall?

Klären Sie als erstes, ob Ihre Pflanzen von einer Krankheit oder von Schädlingen heimgesucht wurden. Davon hängt jedes weitere Vorgehen ab.
Gegen Virus- und Bakterien-Erkrankungen gibt es keine biologischen Mittel. Die befallenen Pflanzen muß man sofort mit den Wurzeln ausgraben und verbrennen.
Nicht auf den Kompost geben, um Ansteckungen und eine weitere Verbreitung zu vermeiden.
Gegen Pilz-Erkrankungen erhalten Sie im Fachhandel biologische Präparate (beraten lassen). Besser ist es, dafür anfällige Pflanzen vorbeugend mit selbsthergestellten, sanften Mitteln zu behandeln (→ Seite 103). Dieser selbstgebraute Pflanzenschutz greift aber kaum mehr, wenn sich der Pilz bereits ausgebreitet hat.
Gegen Schädlinge können Sie eine ganze Reihe von Jauchen, Brühen oder Tees einsetzen, die bei mehrmaliger Anwendung gute Erfolge zeigen.

Rezepte für Auszüge und Tees

Gegen Schädlinge

Beißender Brennessel-Auszug
Gegen Blattläuse unverdünnt spritzen.
Zutaten: 1 kg frische Brennesseln auf 10 Liter Wasser.

Wurmfarn-Jauche oder -Brühe
Gegen Schild-, Schmier- und Blutläuse unverdünnt spritzen.
Zutaten: 1 kg frische oder 100 g getrocknete Pflanzen auf 10 Liter Regenwasser ansetzen.

Rainfarn-Brühe oder Tee
Gegen Schädlinge wie Blattwespen, Erdbeerblütenstecher, Erdbeer- und Brombeermilben, Himbeerkäfer. Im Sommer unverdünnt auf den Boden spritzen.
Zutaten: 500 g frische oder 50 g getrocknete Pflanzen auf 10 Liter Wasser ansetzen.
Warnung: Die Pflanzen sind giftig. Pflanzen. Mittel von Kindern und Haustieren fernhalten.

Wermut-Jauche und -Brühe
Gegen Blattläuse, Raupen und Ameisen Jauche im Frühjahr unverdünnt spritzen, im Sommer ebenfalls unverdünnt gegen Kohlweißlinge. Im Herbst Brühe 2fach verdünnt gegen Brombeermilben verwenden.
Zutaten: 300 g frischen oder 30 g getrockneten Wermut auf 10 Liter Wasser ansetzen.

Auszug aus Tomatenblättern
Gegen Kohlweißlinge im Sommer alle 2 Tage über Kohlpflanzen sprühen. Der Geruch wehrt die Tiere ab.

Zutaten: 2 Handvoll kleingeschnittener Tomatenblätter auf 2 Liter Wasser geben.

Schmierseifen-Spiritus-Lösung
Gegen Läuse unverdünnt spritzen.
Zutaten: 200 g Schmierseife und 1/2 Liter Brennspiritus in 10 Liter Wasser gut auflösen.

Vorbeugend gegen Pilzkrankheiten

Wenden Sie die folgenden Mittel vor dem Befall an, denn sie wirken meist, indem sie das Keimen der Pilzsporen verhindern. Ist die Krankheit ausgebrochen, sind sie kaum mehr erfolgreich.

Ackerschachtelhalm-Brühe
Gegen Pilzkrankheiten vom Frühjahr bis Sommer bei gutem Wetter möglichst regelmäßig auf die Pflanzen 1:5 verdünnt spritzen.
Zutaten: 1 kg frische oder 150 g getrocknete Pflanzen auf 10 Liter Wasser ansetzen.

Knoblauch-Zwiebel-Jauche
Gegen Pilzerkrankungen vor allem bei Erdbeeren und Kartoffeln. Jauche 1:10 verdünnt auf den Boden gießen.
Zutaten: 500 g Zwiebeln und Knoblauch auf 10 Liter Wasser ansetzen.

Magermilch oder Molke
Gegen Pilzerkrankungen bei Tomaten wöchentlich spritzen.
Zutaten: 1 Liter Magermilch oder Molke mit 1 Liter Wasser verdünnen.

Auszug, Brühe oder Tee?

Eine Reihe von Pflanzen und Kräutern lassen sich zu natürlichen Insektiziden zubereiten. Sie dürfen nicht verwechselt werden, mit den düngenden und pflanzenstärkenden Jauchen (→ Seite 80), die stark verdünnt den Pflanzen mit dem Gießwasser verabreicht werden. Die selbstzubereiteten Mittel gegen Insekten spritzen Sie hingegen direkt auf die Pflanzen und Schädlinge.

Die Zubereitungsverfahren sind dabei recht unterschiedlich:

Kaltwasserauszüge: Dazu frische Pflanzen einige Stunden lang (höchstens 24 Stunden) in kaltem Regenwasser einweichen. Anschließend absieben.

Was nach der Behandlung übrig bleibt, können Sie ins Jauchefaß gießen.

Brühen: Frische oder getrocknete Pflanzen (aus der Apotheke) 24 Stunden lang in Regenwasser einweichen. Dann die Mischung etwa eine halbe Stunde kochen, abseihen, abkühlen lassen und je nach Rezept verdünnen.

Tees: Die Kräuter mit kochendem Wasser überbrühen, abdecken und etwa 15 Minuten ziehen lassen. Die Alternative: Die Pflanzen in kaltem Wasser aufsetzen und zum Kochen bringen. Sobald alles köchelt, vom Herd nehmen und etwa 10 Minuten ziehen lassen. Erst verwenden, wenn der Tee abgesiebt und erkaltet ist.

Sonnenblumen – strahlende Einladung für Nützlinge.

Die wichtigsten Schädlinge im Garten

Schädling	Vorkommen	Schadbild	Maßnahmen
Apfelwickler	Apfel, Birne, Quitte	Kleine rötliche Maden in den Früchten	Obstmaden-Fanggürtel im Mai 20 cm über dem Boden um den Stamm legen. Pheromon-Falle, die Männchen fängt. Wermut- oder Rainfarn-Brühe spritzen. *Bacillus-thuringiensis*-Präparate oder Schlupfwespe *Trichogramma dendrolimi* einsetzen (beides im Fachhandel). Fallobst entfernen.
Blattläuse	Gemüsepflanzen, Obstgehölze, Blumen	Befall meist an Triebspitzen, Blättern und Knospen. Eingerollte, gekräuselte Blätter, verkrüppelte Früchte. Honigtau, in der Folge oft Rußtaupilze	Abspritzen mit kaltem Wasser. Spritzen mit beißendem Brennessel-Auszug, Schmierseifen-Spiritus-Lösung.
Blutläuse	Apel-, Birnenbäume, Rosen	Weiß-wollige Ausscheidungen, unter denen die braunen Läuse sitzen. Rindenschäden	Kapuzinerkresse vorbeugend auf Baumscheibe pflanzen. Rinde abbürsten. Biologischen Baumanstrich geben. Mit Wurmfarn-Jauche/Brühe spritzen.
Drahtwürmer (2–3 cm lange Larven der Schnellkäfer)	Salat, Möhren, Kartoffeln (auch andere Gemüse)	Löcher in Kartoffeln, Möhren und Gemüse-Wurzeln	Als Lockmittel halbierte Kartoffeln und Möhren eingraben, mit den Würmern herausnehmen und vernichten.
Erdbeerblütenstecher	Brombeeren, Erdbeeren, Himbeeren	Vertrocknen der Blütenknospen	Vorbeugend im Frühjahr mit Rainfarn mulchen. Kranke Knospen entfernen. Pflanzen und Boden mit Rainfarn-Brühe/Tee spritzen
Erdflöhe (kleine schwarzgelb gestreifte Käfer)	Kreuzblütler wie Kohl, Kohlrabi, Radieschen, Rettich	Löcher in Blättern	Trockenheit fördert Vermehrung, deshalb Boden feucht halten, mulchen. Rainfarn-Brühe spritzen, Steinmehl stäuben. Raupen abends absammeln, wenn sie aus dem Boden kommen.
Eulenraupen (Larven verschiedener Eulenfalter)	Salat, Rote Bete, Kohl, Möhren, Schwarzwurzeln, Zwiebeln	Lochfraß an Blättern, Früchten, Wurzeln	Rainfarn- oder Wermut-Brühe auf den Boden der Pflanzen spritzen.
Frostspanner	Alle Obstbäume	Kahlfraß durch grüne Raupen	Zur Vorbeugung im Herbst Leimringe um den Stamm anlegen, die die Weibchen vor der Eiablage abfangen. *Bacillus-thuringiensis*-Präparate.

Die wichtigsten Schädlinge im Garten

Schädling	Vorkommen	Schadbild	Maßnahmen
Kohlfliegen (Maden 1 cm lang weiß)	Kreuzblütler wie Kohl, Kohlrabi, Radieschen, Rettich, Rüben,	Fraßschäden an, Wurzeln ganze Gänge in Kohlstrünken, Rettichen	Nicht pflanzen während Zeit der Eiablage (Ende April bis Mitte Mai). Um Kohl Kohlkragen geben. Stäuben mit Holzasche oder Steinmehl.
Kohlweißling (Raupen)	Kohlarten	Blattfraß, Rippen bleiben stehen	Kapuzinerkresse als Abfangpflanze, Raupen absammeln. Wermut-Tee spritzen. Steinmehl stäuben. *Bacillus-thuringiensis*-Präparate.
Lauchmotten (kleine weißgelbe, grüne Raupen)	Lauch, Zwiebeln	Fraßgänge und Fraßspuren an Blättern	Mischkultur mit Möhren. Zur Zeit der Eiablage (Mai/Juni) Fliegennetze spannen. Rainfarn-Brühe spritzen. Kranke Blätter abschneiden. Eier und Larven absammeln.
Möhrenfliegen (kleine gelbliche Maden)	Möhren, Pastinaken, Petersilie, Sellerie	Fraßgänge in den Wurzeln	Nicht mit Mist düngen! Fliegennetze spannen. Knoblauch-Zwiebelbrühe spritzen.
Nematoden (Wurzelälchen)	Kartoffeln, Möhren, Tomaten, Erdbeeren, Blumen	Saugen und dringen in Wurzeln ein. Mißbildungen an Wurzeln, Stengeln und Blättern	Tagetes und Ringelblumenpflanzen. Gründüngung mit Mischung »Gartendoktor«, befallene Pflanzen vernichten.
Spinnmilben (Rote Spinne)	Obstbäume, Bohnen, Gurken, Auberginen, Paprika	Milben auf Blattunterseite, feines Gespinst. Ausgesaugte Blätter sterben ab	Befallene Pflanzenteile vernichten. Mit Seifen-Spiritus-Lösung, Rainfarn-Brühe, Wermut-Brühe oder beißendem Brennessel-Auszug spritzen.
Schildläuse	Obstbäume	Schilde der Läuse auf Blättern und Zweigen	Stamm abbürsten. Baumanstrich. Winter- oder Sommeröl spritzen.
Thripse	Erbsen, Lauch, Zwiebeln, Blumen	Blätter wirken silbrig gesprenkelt. Insekten saugen Blattzellen aus	Feuchtigkeit halten. Mulchen, Seifen-Spiritus-Lösung spritzen.
Weiße Fliege	Kohl, Tomaten, Blumen Pflanze	Winzige weiße Insekten in Kolonien auf Blattunterseiten. klebrig	Mit Seifen-Spiritus-Lösung oder Rainfarn-Brühe spritzen. Bacillus-thuringiensis-Präparate einsetzen.
Zwiebelfliege (weiße Maden)	Knoblauch, Lauch, Zwiebeln	Fraßgänge bis ins Innere der Zwiebeln	Fliegennetze spannen. Mit Steinmehl stäuben. Befallene Pflanzen vernichten. Rainfarn-Brühe!

Die häufigsten Pilzkrankheiten im Garten

Krankheit	Vorkommen	Schadbild	Maßnahmen
Blattflecken-krankheit	Bohnen, Erbsen, Sellerie, Rote Bete, Tomaten	Schwarzfleckige Blätter	Kranke Pflanzen vernichten, Tomaten mit Mager-milch spritzen. Vorbeugend Ackerschachtelhalm-Brühe spritzen.
Grauschimmel	Erdbeeren, Him-beeren. Bohnen, Salat, Gurken, Zwiebeln. Blumen	Grau-brauner Schimmel auf Früchten und Blättern	Kranke Pflanzenteile vernichten. Bei Nässe vor-beugend mit Ackerschachtelhalm-Brühe spritzen. Zwiebeln, Knoblauch in Mischkultur.
Himbeerruten-krankheit	Himbeeren	Violett- oder bräun-lich-rote Flecken an Ruten, die allmählich absterben	Kranke Pflanzen vernichten. Standort verbessern, Boden ansäuern (mit Laub oder Rindenmulch). Abwechselnd mit Ackerschachtelhalm- und Brenn-nessel-Brühe gießen. Notfalls Standort wechseln.
Kraut- und Knollenfäule	Kartoffeln, Tomaten	Braune Flecken erst an Blättern, dann auch an Stengeln und Früchten	Kranke Blätter vernichten. Vorbeugend mit Knoblauch-Zwiebel-Jauche oder Ackerschachtel-halm-Brühe spritzen. Steinmehl stäuben. Tomaten mit Magermilch spritzen.
Kohlhernie	Kreuzblütler wie Kohl, Radieschen, Rettiche. Blumen	Wucherungen und Verformungen an Wurzeln. Wachstum gehemmt. Sporen leben jahrelang!	Kranke Pflanzen vernichten! Fruchtwechsel! Nicht mit Mist düngen! Algenkalk ins Pflanzloch geben. Jungpflanzen vorbeugend mit Ackerschachtel-halm-Brühe gießen.
Mehltau, Echter	Obstbäume. Stachelbeeren. Gurken, Erbsen, Salat. Rosen	Mehlartiger Belag auf Blattoberseite	Kranke Teile vernichten. Jungpflanzen vorbeu-gend mit Ackerschachtelhalm-Brühe gießen.
Mehltau, Falscher	Kohl, Spinat, Zwiebeln, Salat, Kartoffeln, Tomaten	Schimmelig-mehliger Belag auf Blattober- und unterseite	Kranke Pflanzenteile vernichten. Jungpflanzen vorbeugend mit Ackerschachtelhalm-Brühe gießen. Tomaten mit Magermilch spritzen.
Rost	Johannisbeeren. Bohnen, Erbsen, Sellerie. Rosen	Rostig-braune Blatt-flecken	Kranke Blätter vernichten. Mit Ackerschachtel-halm-Brühe spritzen (vorbeugend auch gießen).
Schwarz-beinigkeit	Gurken, Kohl, Salat, Tomaten	Wurzeln und Stengel von Jungpflanzen werden schwarz und sterben	Vorbeugend mit Ackerschachtelhalm-Brühe gießen. Nicht zu dicht pflanzen!

Register

Die **halbfett** gesetzten Seitenzahlen verweisen auf Farbfotos und Zeichnungen.

Register

Adressen

Bodenuntersuchungen

Staatliche Anstalten

Pflanzenschutzamt Berlin,
Mohriner Allee 137,
W-1000 Berlin 47

Institut für Angewandte
Botanik,
Marseiller Str. 7,
W-2000 Hamburg 36

LUFA Kiel/Landwirtschafts-
kammer,
Gutenbergstr. 75–77,
W-2300 Kiel

LUFA Oldenburg/Land-
wirtschaftskammer,
Jägerstraße 23–27
W-2900 Oldenburg

LUFA Hameln/Landwirt-
schaftskammer,
Finkenborner Weg 1A,
W-3250 Hameln

Hessische Landwirtschaftli-
che Versuchsanstalt,
Landwirtschaftliches
Untersuchungsamt,
Am Versuchsfeld 13,
W-3500 Kassel-Harles-
hausen

LUFA Westfalen-Lippe,
Nevinghoff 40,
W-4400 Münster

LUFA Bonn/Landwirt-
schaftskammer,
Siebengebirgsstr. 200,
W-5300 Bonn 3

Landes-Lehr- und Ver-
suchsanstalt für Land-
wirtschaft, Weinbau
und Gartenbau,
Institut für Bodenkunde,
Egbertstr. 18,
W-5500 Trier

LUFA Speyer/Bezirksver-
band Pfalz,
Obere Langgasse 40,
W-6720 Speyer

Landesanstalt für landwirt-
schaftliche Chemie,
– Bodenabteilung –,
Emil-Wolff-Str. 14,
W-7000 Stuttgart 70

LUFA Augustenberg,
Neßlerstr. 23,
W-7500 Karlsruhe

Bayerische Hauptunter-
suchungsanstalt für
Landwirtschaft,
W-8050 Freising-
Weihenstephan

Bayerische Landesanstalt
für Bodenkultur und
Pflanzenbau,
– Kellerwirtschaft und
Untersuchungswesen –,
Herrnstr. 8,
W-8707 Veitshöchheim

Österreich

Bundesanstalt für Boden-
wirtschaft,
Abt. Bodenunter-
suchung,
Denisgasse 31,
A-1200 Wien
(20. Bezirk)

Höhere Bundeslehr- und
Versuchsanstalt für
Gartenbau,
Grünbergstr. 24,
A-1131 Wien-Schön-
brunn

Landwirtschaftlich-chemi-
sche Versuchsanstalt,
Wieninger Str. 8,
A-4020 Linz

Landwirtschaftlich-chemi-
sche Versuchsanstalt,
Rotholz,
A-6200 Jenbach/Tirol

Landwirtschaftlich-chemi-
sche Versuchs-und
Untersuchungsanstalt,
Burggasse 2,
A-8020 Graz

Schweiz

Eidgenössische Forschungs-
anstalt für Obst-, Wein-
und Gartenbau,
Bodenlabor,
CH-8820 Wädenswil

Private Bodenunter-
suchungsstellen

Bodenuntersuchungs-
institut Koldingen,
Holländerei 22,
W-3017 Pattensen 1

Dr. Fritz Balzer,
Oberer Ellenberg 5,
W-3552 Wetter 2

Labor für Bodenmikro-
biologie,
Dr. Iris Grün-Wollny,
Burggarten 9,
W-3554 Kirchvers

Institut für Mikrobiologie
und Biochemie,
Kornmarkt 34,
W-6348 Herborn-Dill

Boden & Pflanze,
Moosenrach 6,
W-8197 Königsdorf

Bund Naturschutz in Bayern
e.V.,
Gala Labor für Garten-
bau und Landwirtschaft,
Postfach 40,
W-8441 Wiesenfelden

Labor für Umweltschutz
und chemische Analytik,
Dieter Immekus,
Riedholz 48 a,
W-8999 Maierhöfen

**Vereine, Verbände,
Spezialisten rund um
den Biogarten**

Forschungsring für
biologisch-dynamische
Wirtschaftsweise,
Baumschulenweg 11,
W-6100 Darmstadt

Ökoring Niedersachsen,
Walsroder Str. 12,
W-3032 Fallingbostel

Permakultur-Institut,
Ginsterweg 5,
W-3074 Steyerberg

Maria Thun, Verlag
Aussaattage,
Postfach 14 46,
W-3560 Biedenkopf

Bund für Umwelt- und
Naturschutz,
Im Rheingarten 7,
W-5300 Bonn 3

Naturschutzbund (ehemals
DBV),
Postfach 20 04 13,
W-5300 Bonn

Ulrich Kowalewski,
Martin-Luther-Str. 20,
W-5900 Siegen
(Kraterbeete)

Abtei Fulda,
Nonnengasse 16,
W-6400 Fulda

Fördergemeinschaft für
ökologischen Landbau,
Alle Straße 7,
O-1211 Worin

Schweizerische Gesellschaft
für biologischen Land-
bau,
c/o Else Hitz,
Kapellstr. 10,
CH-5610 Wohlen

Arbeitsgruppe Biogarten,
CH-3436 Zollbrück

Verein zur Erhaltung der
Nutzpflanzenvielfalt
(VEN),
c/o Ludwig Watschong,
Ahornweg 6,
W-3525 Arensborn

Arche Noah,
Postfach 139,
A-3500 Krems
(Sortenerhaltung)

Pro Specie Rara,
Postfach 125,
CH-9003 St. Gallen 3
(Sortenerhaltung)

Biogärtnern – leicht gemacht.

Wie man gesundes Gemüse pflanzt und pflegt, richtig düngt und den Boden gesund erhält.
19,80 DM/155,- öS/20,40 sfr.

Kerngesundes Obst so richtig zum Reinbeißen ziehen Sie jetzt problemlos selbst.
14,80 DM/ 116,- öS/15,30 sfr.

Damit Himbeeren, Johannisbeeren & Co. wieder zum gesunden Vergnügen werden.
14,80 DM 116,- öS/15,30 sfr.

Präzise Anleitungen, spezielle Pflegetips. Dazu praktischer Rat fürs Würzen, Trocknen und Lagern.
14,80 DM 116,- öS/15,30 sfr.

Nur ein gesunder Gartenboden ohne Gift sorgt für reiche Ernte, die ohne Angst verzehrt werden kann!
16,80 DM 131,- öS/17,40 sfr.

Mehr draus machen. Mit GU.

Stand: 1.1.1993. Änderungen und Irrtum vorbehalten.

Bezugsquellen/Literatur

Mittel für naturgemäße Pflanzen- und Bodenpflege

Gärtnerhof GmbH,
Heiligenseestr. 132,
W-1000 Berlin 27

F. Schacht GmbH & Co. KG,
Postfach 43 38,
W-3300 Braunschweig

Firma Neudorff,
Postfach 12 09,
3254 Emmerthal

Humuswerke Barbecke,
Hauptstr. 37,
3325 Lengede 5

Mack Bio-Gartenbedarf,
Bahnhofstr. 168,
7012 Fellbach

Horst Richter,
Zeller Str. 51,
7311 Ohmden

Forestina GmbH,
Westliche Brühlstr. 4,
7528 Karlsdorf-
Neuthard

Cortex Vertriebs GmbH,
Rindenprodukte,
Jahnstr. 11,
7530 Pforzheim

oriko H. Weber GmbH &
Co. KG,
Industriegebiet Ost,
7604 Appenweiler-
Zimmern

Keller GmbH & Co. KG,
Biogarten und Gesund-
heit,
Konradstr. 17,
7800 Freibur

Oscora Dünger GmbH &
Co.,
Erbacher Str. 41,
7900 Ulm

Josef Reiser, Versand,
Schwablstr. 13,
8311 Adlkofen

Bioschutz Monika Forster,
Postfach 12,
8481 Waldthurn

Richard Guhl,
Ökologische Produkte,
Debendorfer Str. 5,
8501 Cadolzburg

Biologisches Saatgut

Carl Sperling & Co.,
Postfach 26 40,
2120 Lüneburg
(biologisch gebeiztes
Saatgut)

Natur und Garten,
Postfach 31 21,
4530 Ibbenbüren

Rijk Zwaan,
Postfach 34,
4777 Welver
(ungebeiztes Saatgut)

Conrad Appel GmbH,
Samen und Pflanzen,
Bismarckstr. 59,
6100 Darmstadt

Blauetikett Bornträger
GmbH,
6521 Offstein

Juliwa, Julius Wagner,
Postfach 10 58 80,
6900 Heidelberg
(biologisch gebeiztes
Saatgut)

Hild Samen GmbH,
Postfach 11 61,
7142 Marbach

Kiepenkerl-Samen,
Postfach 99,
7142 Marbach
(ungebeiztes Saatgut)

Wolfhart Lau,
Lindenweg 17,
7881 Großherrischwand

Pflanzenzuchtverein e.V.,
Wernstein 24,
8653 Mainleus

Ilmar Randuja,
Eckartshof,
CH-8547 Lengwil

Familie Zollinger,
Biessenhofen,
CH-8580 Amriswil
(biologisch-dynamisches
Saatgut)

Nützlinge

Firma Neudorff,
Abt. Nutzorganismen,
Postfach 12 09,
3254 Emmerthal

BioNova,
Josefstr. 102–103,
4040 Neuß

Sautter und Stepper,
Rosenstr. 19,
7403 Ammerbuch 5

Hatto Welte,
Maurershorn 10,
7752 Insel Reichenau

Fachhochschule Weihen-
stephan,
Institut für Gemüsebau,
Am Staudengarten 7,
8050 Freising

Bücher

*Kompost, Gold im Biogar-
ten.* Abtei Fulda

Kreuter, M.-L.: *Der Bio-
garten.* BLV Verlags-
gesellschaft, München

Recht, Ch.: *Beerenobst
biologisch ziehen.*
Gräfe und Unzer Verlag,
München

Recht, Ch.: *Gemüse biologisch ziehen.* Gräfe und
Unzer Verlag, München

Recht, Ch.: *Obstbäume
biologisch ziehen.*
Gräfe und Unzer Verlag.
München

Rusch, H.P.: *Bodenfruchtbarkeit.* Karl F. Haug
Verlag, Heidelberg

Scheffer, F., Schacht-
schabel, P.: *Lehrbuch
der Bodenkunde.* Enke
Verlag, Stuttgart

Schlammer, G.: *Gesunder
Boden, gesunde Pflan-
zen.* Gräfe und Unzer
Verlag, München

Schmid, O., Henggeler, S.:
*Biologischer Pflanzen-
schutz im Garten.* Verlag
Eugen Ulmer, Stuttgart

Steiner, H.: *Nützlinge im
Garten.* Verlag Eugen
Ulmer, Stuttgart

Zeitschriften

Flora. Gruner & Jahr AG &
Co., Postfach 11 00 11,
W-2000 Hamburg 11

Garten organisch.
Organischer Landbau
Verlag, Postfach 11 23,
W-5358 Bad Münster-
eifel

Kraut & Rüben. BLV Ver-
lagsgesellschaft mbH,
Lothstraße 29,
W-8000 München

mein schöner Garten.
Verlag Burda GmbH,
Hauptstraße 130,
W-6000 Offenburg

Wichtige Hinweise

In diesem Buch wird erklärt, wie man den Garten biologisch bearbeitet und pflegt. Dazu gehört der Umgang mit einer Vielzahl von Gartengeräten. Bewahren Sie alle Gartenwerkzeuge so auf, daß sich keiner daran verletzen kann. Nach Gebrauch immer sofort wegräumen. Kommt es bei der Gartenarbeit und im Umgang mit Erde zu offenen Verletzungen, suchen Sie umgehend einen Arzt auf und lassen Sie sich fachkundig behandeln. Besprechen Sie mit ihm, ob er eine Impfung gegen Tetanus (Wundstarrkrampf) für erforderlich hält.

In diesem Buch werden keine giftigen Dünge- oder Pflanzenschutzmittel empfohlen. Dennoch sind auch organische Düngemittel, wie Hornspäne, Horn-, Knochen- und Blutmehl, Algenkalk und Gesteinsmehle sowie Jauchen so aufzubewahren, daß sie für Kinder und Haustiere unerreichbar sind. Ihr Genuß kann zu gesundheitlichen Schäden führen. Diese Mittel dürfen außerdem nicht in die Augen gelangen. Verschließen Sie größere Jauchefässer mit einem Gitter, damit Kinder oder Kleintiere nicht hineinfallen können.

Die Fotografen:
Becker: Seite 4/5, 14/15, 63, 92/93; mein schöner Garten/Fischer: Seite 21 u..li.; mein schöner Garten/Krieg: Seite 2; mein schöner Garten/Nordheim: Seite 20; Nickig: Seite U1, U2/1, 3 li., 12/13, 42/43, 82, 102, U3; Redeleit: Seite 35, 45, 50, 53, 75, 79; Reinhard: Seite 21 o., 96 o., 98, U4; Riedmiller: Seite 17, 21 u.m., 59 o., 76/77; Rogl: Seite 97; Sammer: Seite 80; Save-Bild/Pforr: 38/39; Schrempp: Seite 99; Silvestis/Heitmann: Seite 72; Silvestris/Lenz. Seite 96 u; Silvestris/Riedmiller: Seite 21 u.re., 28/29, 90; Strauß: Seite 31, 85, 94/95; Willner: Seite 3 re., 41, 59 u.; Wolff: Seite 51.

Die Deutsche Bibliothek - CIP-Einheitsaufnahme
Keil, Gisela:
Praxis Biogarten: naturgemäß gärtnern - leicht gemacht; Experten-Rat für Mischkultur, Mulchen, Gründüngung, Kompostieren und Bodenverbesserung; Sonderteil: Biologischer Pflanzenschutz / Gisela Keil. - München: Gräfe und Unzer, 1993 (GU-Pflanzen-Ratgeber) ISBN 3-7742-1794-7

1. Auflage 1993
© Gräfe und Unzer GmbH, München

Redaktionsleitung: Hans Scherz
Stellvertretende Redaktionsleitung: Renate Weinberger
Lektorat: Christiane Gsänger
Herstellung: Johannes Schmidt Thomé, Michael Kraxenberger
Produktion: BuchHaus. Kraxenberger.Gigler.GmbH
Zeichnungen: Marlene Gemke
Umschlaggestaltung: Heinz Kraxenberger
Repro: Reprolith
Druck: Pera
Bindung: Oldenbourg

ISBN 3-7742-1794-7